Palabras de elogio para

¡Sé libre!

"¡No es la historia de la princesa de las nieves de Walt Disney! Es una lectura real, relevante e inspiradora que alentará tu corazón, tu mente y tu alma. Si alguna vez te has sentido agobiada por las cargas del pasado, del presente y del futuro, este libro es para ti. Si acaso la preocupación ha afligido tu corazón, desfigurado tu visión o afectado tu confianza en Dios, este libro es para ti. Si solo necesitas un nuevo recordatorio de que Dios puede hacerse presente en los problemas complejos de la vida diaria, este libro es para ti. No te pierdas el mensaje de *¡Sé libre!* Este libro cambiará tu vida y la vida de tus seres amados".

—**Gwen Smith**, conferencista, líder de adoración, cofundadora de Girlfriends in God, y autora de *Broken into Beautiful*

"Este libro es para todas las mujeres, porque todas cargamos con heridas, remordimientos, culpas y decepciones del pasado. Christin Ditchfield nos invita a dejar atrás aquello que nos impide avanzar, para que podamos aferrarnos a Aquel que rescata nuestra vida. Las enseñanzas de Christin son prácticas, estimulantes y alentadoras. Es una mentora que nos muestra el verdadero norte. Cada palabra de *¡Sé libre!* es un peldaño en la escalera que nos acerca a la vida plena en Cristo".

—**Jennifer Dukes Lee**, autora de *Love Idol*

"*¡Sé libre!* es un libro que me impulsa a gritar '¡Amén!'. Christin ha acertado otra vez al animarnos magistralmente a dejar atrás las cosas que obstruyen nuestro andar con Cristo y a aferrarnos a lo que realmente importa: la gracia, la paz y el gozo. *¡Sé libre!* es una guía indispensable para enfrentar cada reto".

—**Kendra Smiley**, conferencista y autora de *Ser padres*

"De una manera bella, casi atrevida, Christin no solo nos da permiso para dejar atrás el sueño de una vida perfecta, sino también para apreciar nuestra vida asombrosamente imperfecta, pero llena de la esperanza de un Salvador. Ella no solo revela nuestros temores y necesidad de tener el control de las cosas, sino que también nos muestra cómo rendir el control. Sus palabras han tocado mi alma".

—**Gari Meacham**, autora de *Spirit Hunger* y la serie de DVD de Spirit Hunger, *Watershed Moments* y *Truly Fed*. Presidenta de Truly Fed Ministries y The Vine Uganda

"En *¡Sé libre!*, Christin Ditchfield invita a sus lectoras a seguir adelante, libres de los problemas pasados y de la carga emocional que les nubla el pensamiento y distrae sus mentes. Al mismo tiempo, les muestra la relación que las hará verdaderamente libres: la de Jesucristo. ¡Un libro que nadie se puede perder!

—**Jenny Lee Sulpizio**, autora de *For the Love of God* y *Confessions of a Wonder Woman Wannabe*

"En una ocasión, cuando atravesaba el peor valle de mi vida, una persona me dijo: 'Bueno, personalmente no tengo ningún problema, pero puedo ver que tú tienes bastantes; así que si necesitas hablar con alguien, aquí estoy yo'. Sobra decir que no acudí a ella en busca de consuelo, aliento, o tan siquiera para recibir algún tirón de orejas ocasionalmente necesario. Recurrí a otras personas que han atravesado sus propios valles y han descubierto la manera de salir victoriosas. Christin Ditchfield es una de esas mujeres. No es ajena al sufrimiento y habla muy en serio de su vida cristiana. Sabe que Jesús la ama y trata de vivir basándose en ese conocimiento. Su nuevo libro está lleno de palabras tiernas de consuelo, de sabios consejos y de conceptos útiles que te ayudarán a navegar por las verdaderas tormentas de la vida. ¿Quién no necesita dejar atrás el dolor, la amargura y las normas absurdas en nuestra vida y en la vida de quienes nos rodean? ¿Y quién no necesita aferrarse al gozo, la libertad y la sanidad que Jesús nos ofrece? Acompaña a Christin en este recorrido. Ella te ayudará a caminar sin cargas y en libertad".

—**Susie Larson**, locutora de radio nacional,
conferencista y autora de *Your Beautiful Purpose*

"Christian Ditchfield ha escrito un libro práctico y poderoso, que ayudará a muchas mujeres a soltar aquello que les impide avanzar y aferrarse a lo que las impulsará a seguir adelante. ¡Si estás luchando con la culpa, el desánimo y el fracaso, este libro es para ti!".

—**Carole Lewis**, directora emérita de First Place 4
Health, autora de *Live Life Right Here Right Now*

¡SÉ LIBRE!

Libros de Christin Ditchfield publicados por Portavoz

Enfrenta tus temores

Mujer, descubre el impacto y el poder de tus palabras

¡Sé libre!

CHRISTIN DITCHFIELD

¡SÉ LIBRE!

Deja atrás
la culpa, el desánimo
y el fracaso

EDITORIAL
PORTAVOZ

La misión de *Editorial Portavoz* consiste en proporcionar productos de calidad —con integridad y excelencia—, desde una perspectiva bíblica y confiable, que animen a las personas a conocer y servir a Jesucristo.

Originally published in English under the title:
What Women Should Know About Letting It Go by Christin Ditchfield

Published by Leafwood Publishers
an imprint of Abilene Christian University Press
1626 Campus Court
Abilene, Texas 79601
Published in association with William K. Jensen Literary Agency
119 Bampton Court, Eugene, Oregon 97404

International rights contracted through:
Gospel Literature International, P.O. Box 4060, Ontario, California 91761-1003 USA

Traducción: Rosa Pugliese

EDITORIAL PORTAVOZ
2450 Oak Industrial Drive NE
Grand Rapids, Michigan 49505 USA
Visítenos en: www.portavoz.com

ISBN 978-0-8254-5682-4 (rústica)
ISBN 978-0-8254-6535-2 (Kindle)
ISBN 978-0-8254-8685-2 (epub)

1 2 3 4 5 edición / año 25 24 23 22 21 20 19 18 17 16
Impreso en los Estados Unidos de América
Printed in the United States of America

Contenido

Para mis hermanas
Regina, Stephanie y Taylor:
Su amor fiel, su aliento optimista
y su apoyo inquebrantable significan para mí
mucho más de lo que imaginan.

Reconocimientos

Un especial agradecimiento a Bill Jensen, mi agente literario, no solo por creer en mí y en el ministerio al que Dios me llamó, sino por las horas dedicadas a pensar en el título indicado y la orientación correcta de este libro.

Gracias a Gary Myers, Mary Hardegree, Laura Homer, Duane Anderson, Seth Shaver, Phil Dosa, y Lettie Morrow —todo el equipo de Leafwood Publishers— por ver la necesidad de este libro, compartir la visión ¡y hacerlo realidad!

Al escribir un libro para y sobre mujeres, no puedo dejar de ser particularmente considerada con la cantidad de ellas que Dios ha usado para tocar poderosamente mi corazón y mi vida. Están aquellas que llegaron a mi vida por un momento —breve, pero significativo—, "para esta hora". Hay algunas que llegaron por una temporada. Y otras que son y serán mis amigas "para siempre". Están las que conozco de manera íntima y personal, y las que nunca he visto, porque vivieron y murieron antes de que yo naciera y, sin embargo, cuyos testimonios y sabias palabras han sido de reflexión, aliento e inspiración.

Luego está la enorme cantidad de mujeres que he conocido en conferencias y retiros femeninos por todo el país, las que leyeron mis libros o mi blog o escucharon mi programa radiofónico y me abrieron sinceramente su corazón. Hemos aprendido mucho unas de otras al recorrer el Camino. Verdaderamente nos hemos convertido en hermanas y amigas.

Desearía poder mencionar a todas estas preciosas mujeres (y parte de mí desea intentarlo con desesperación), pero en el fondo sé que no es posible. ¡Son demasiadas! Y estoy segura de que, accidentalmente, me olvidaría de alguna. Solo puedo dar gracias a Dios cada vez que pienso en estas mujeres maravillosas, orar para que Él las bendiga abundantemente, más allá de lo que puedan pedir o imaginar, y tratar de ser un tributo viviente: un verdadero reflejo de todo lo que me han enseñado y de Aquel cuya vida me mostraron.

Mientras trabajaba en este libro, me enfrenté a algunos retos enormes: físicos, emocionales y espirituales. (En realidad me ha sucedido en los últimos diez años... ya que he tenido que someterme a una cirugía tras otra, seguida de meses y meses de reposo en cama y constantes batallas contra el dolor crónico). Esta vez, justo cuando empezaba a escribir, me fracturé la pierna y, tan pronto sanó, me la volví a fracturar. Últimamente he tenido que soltar muchas cosas, y a otras me ha costado aferrarme. Quiero, sobre todo, expresar mi gratitud a aquellos queridos amigos y familiares que me han llevado a la presencia de Jesús a diario (Mr. 21:1-4). David, ¡tú en especial!

Tú eres una parte muy importante de cada libro que he escrito, de cada palabra que he hablado. No podría hacer lo que hago —no sería quién soy— sin ti.

Ante todo, gracias Jesús. Tú eres un Amigo fiel y sanador, y un Salvador fuerte y poderoso. ¡Tú amor ha triunfado gloriosamente!

Introducción

Se necesita mucho valor para revelarle
tus sueños a otra persona.

Erma Bombeck

Respira hondo.

¿Estás lista? Aquí va: tengo un sueño.

No tan noble y sublime como el del Dr. Martin Luther King Jr., pero aun así bastante épico... a su manera.

En este sueño (prepárate para darles la señal a la luz del sol, el canto de las aves y a las criaturas del bosque, porque se trata más de un cuento de hadas que de la realidad), me levanto temprano por la mañana —mucho antes del amanecer— para pasar tiempo a los pies de Jesús. Leo la Biblia, anoto profundas revelaciones espirituales en mi diario personal y elevo poderosas oraciones de intercesión a favor de mis amigos y familiares, y por el mundo en general.

Después de este tiempo devocional profundamente conmovedor, que llena mi corazón y se plasma en mi actitud durante el resto del día, estoy ansiosa por empezar con mi lista de tareas a realizar en el día con gozoso entusiasmo. Como me he organizado bien en los días anteriores respecto a mi tiempo, mi energía y mis recursos, mi lista de hoy no es exagerada o abrumadora. Es una actividad por demás gratificante, placentera y provechosa, en la que cada tarea me impulsa y me ayuda a lograr todo lo que Dios me ha llamado a realizar en mi carrera y ministerio. He programado un momento para comer bien y hacer ejercicio, así como para ocuparme de las tareas comunes y corrientes de la vida diaria, que me ayudan a estar organizada y centrada.

También he apartado tiempo para relacionarme de manera significativa con mis amistades y mi familia, porque estas relaciones son importantes para mí y debo cultivarlas. Sé que si surge una crisis, puedo dejarlo todo y estar al lado de mis seres amados, sin un atisbo de duda. Estoy tan organizada y al corriente en mi propia vida, que puedo ser flexible con mi agenda. No me irrito ni me enojo por las interrupciones, porque he reservado tiempo para pequeñas emergencias y contratiempos, así como para citas divinas. Me hace sentir bien saber que puedo ser las manos y los pies de Jesús, y bendecir a otros como Él me ha bendecido a mí.

Incluso me sobra un poco de tiempo para esos "descansos personales" vigorizantes y restauradores de los que siempre hablan las revistas femeninas. Camino por la playa o leo algunos capítulos de un buen libro, o saboreo una taza caliente de té o café recién hecho. Al atardecer, dedico una hora o dos a uno de mis proyectos favoritos: una artesanía que vi en Pinterest y que quería intentar, o esa novela que siempre quise escribir.

(¡Recuerda que es un *sueño*!).

Al final del día, cuando caigo en la cama, le doy gracias a Dios de corazón por sus bendiciones sobre mi vida. Me siento sumamente satisfecha y contenta. Hoy he vivido con determinación, con propósito y con pasión. A tope. Y por eso ahora puedo quedarme dormida sin dificultad, en completa paz.

No me desvelo por la noche ni doy vueltas de un lado al otro con sentimiento de culpa por todas las cosas que me quedaron por hacer... por haber malgastado mi tiempo o mi vida. No me preocupa el día de mañana —ni por la cifra que muestre la balanza ni por la cantidad de cosas en mi lista de tareas por realizar— porque sé que he tomado buenas decisiones y que he tenido un muy buen día. ¡Y mañana será aún mejor!

No aprieto la mandíbula ni rechino los dientes, ni contengo la respiración preocupada por mí, por mis amistades por mi familia, ni por el mundo tal como es. Puesto que confío en Jesús implícitamente, sé que todo está seguro en sus manos.

Cuando pienso en el día que pasó, no me arrepiento de nada, porque no hice nada malo. Desde luego, nadie es perfecto, pero no perdí la calma, no he discutido ni sentido envidia; no he sido haragana ni egoísta, ni poco amable. Controlé todos mis pensamientos descarriados y mantuve mis ojos fijos en Jesús todo el día.

Hablando de pensamientos descarriados, en mi sueño no recuerdo de repente ningún error terrible de mi pasado, ningún fracaso humillante, ninguna conducta pecaminosa. No vuelvo a vivir el horror de todo esto, muerta de vergüenza, atormentada por la culpa y el apuro mientras estoy en la cama. No empiezo a revivir las ofensas que he recibido: las palabras crueles, las acciones odiosas, las traiciones, el rechazo, el abandono o el abuso. No estoy allí en mi cama agitada por la injusticia de todo lo vivido, pensando que tengo razón, argumentando y defendiéndome. No estoy imaginando todas las cosas que desearía, podría o debería haber hecho o las que debería haber dicho.

No siento la duda de si Dios me ignora y me soslaya, o si me rechaza o me abandona —envidiosa de todas las bendiciones que otros han recibido de Él— ni percibo que soy una inmensa desilusión para Él. Una pecadora tan infeliz y desdichada. Tan desagradable, sin atractivo y antipática.

En mi sueño no me comparo de ninguna manera con otras mujeres. No me siento tan inferior ni arrogantemente superior. (Por momentos el hijo pródigo y, en otros, el hermano mayor). Creo que soy una pecadora salvada por gracia, una mujer que ama mucho, porque se le ha perdonado mucho.

Y eso es suficiente para mí.

¿Ves lo que quiero decir? Realmente es un sueño épico.

Sigo intentando que se haga realidad. Sigo tratando de tener ese día perfecto. Lo intento una y otra vez. Pero nunca sucede.

La mitad de las veces duermo un poco de más, y lo estropeo antes de comenzar siquiera.

Por tonto que parezca al escribirlo, sé que este sueño —o al menos alguna versión del mismo— no es solo mío, sino el de muchas mujeres. Mis hermanas, mis amigas. Todas soñamos con tener nuestra propia versión de un día maravillosamente perfecto (razonablemente perfecto, pensamos) una vida perfecta. Un mundo perfecto.

Por mi parte, sé que a menudo me siento atrapada: me debato entre la mujer pecadora e imperfecta que soy y la mujer que deseo ser con urgencia. Esa que a veces soy o pretendo ser. La que Jesús ve, la que un día seré.

Con frecuencia me siento atascada. Incapaz de crecer, de hacer algún verdadero progreso en mi vida cristiana. Fallo una y otra vez. (Lo único que tengo que hacer es sacar mis diarios antiguos y leer mis resoluciones de Año Nuevo de los últimos veinte años. Podría haberme evitado algunos problemas si, cada año, en vez de escribirlo todo de nuevo, hubiera copiado la lista y cambiado la fecha).

Volvamos a mi sueño: necesito soltarlo.

Si quiero esa libertad y ser la mujer que Dios diseñó, necesito dejar atrás muchas cosas. Por ejemplo, las normas y las expectativas irreales. La culpa, la vergüenza y el remordimiento.

De lo contrario, me quedaré atascada para siempre... en esta vida, de cualquier modo.

No quiero vivir así... apresada. Atrapada. Atascada.

Quiero dejarlo atrás.

¿Pero cómo?

¿Cómo lo suelto?

¿Cómo se hace para "dejar algo atrás" en la vida real? ¿En mi vida?

¿Se suelta todo y asunto concluido, o hay algo más?

¿Acaso no hay cosas a las que debo aferrarme? Me parece recordar que varios pasajes de las Escrituras hablan de esto. Me retan, me alientan, me instan a no conformarme con menos que la libertad, la victoria, la vida plena y abundante que Jesús me ha prometido.

Son las cosas en las que he estado pensando y por las que he orado últimamente.

No puedo decir que tenga todas las respuestas. Con franqueza, no he llegado a ese punto. Pero sí he logrado algún progreso. He aprendido cosas, unas veces de mis fracasos y otras veces de mis éxitos, a base de probar y equivocarme. He aprendido de la vida de grandes hombres y mujeres de fe, de amigas sabias y de mentoras piadosas. He aprendido de las Escrituras y de Jesús, al crecer en mi relación de amor con Él.

Esto es lo que espero transmitirte en este libro. Me encantaría alentar tu corazón, como ha ocurrido con el mío. Tal vez pueda ahorrarte algunos pasos en tu recorrido. Ayudarte a liberarte más rápido de ese atasco. Lo cierto es que no tenemos que seguir encalladas en un ciclo interminable de fracasos, desánimo y derrota. Todas hemos de tomar una decisión. Podemos dejar que el pasado (el ayer o los años pasados) nos defina y nos confine, o permitir que nos refine. También podemos optar por soltarlo y dejarlo atrás.

Lo soltamos para poder aferrarnos a algo mucho mejor. A *alguien* mucho mejor.

Alguien que nunca nos soltará.

"En mi angustia invoqué al Señor; clamé a mi Dios... Extendiendo su mano desde lo alto, tomó la mía y me sacó del mar profundo" (Sal. 18:6a, 16, NVI).

Capítulo uno

Deja atrás la culpa, la vergüenza y el pesar

La única diferencia entre el santo y el pecador es que cada santo tiene un pasado, y cada pecador tiene un futuro.

Oscar Wilde

Hay una escena en una adaptación cinematográfica de *Orgullo y prejuicio* en la que el señor Bennet reflexiona sobre sus fallos como padre. Al ser un padre permisivo, Lydia, su hija de quince años, vive literalmente "en pecado", sumida en el juego, la bebida y el chantaje sin escrúpulos. La situación es difícil, y amenaza con destruirla no solo a ella, sino a toda su familia, en especial a sus cuatro hermanas, cuyas posibilidades de amar y casarse se ven afectadas por la manchada reputación de Lydia. ("¿Quién querría vincularse con una familia *así*?"). A Elizabeth le preocupa que su padre se deje vencer por la culpa y el desconsuelo. Él la tranquiliza: "Me siento avergonzado por completo, Lizzie.

Pero no te desesperes; esto pasará y sin duda será más rápido de lo que debería".[1]

Ese irónico comentario siempre ha hecho eco en mí, porque sé que en mi propia vida he sentido a veces una tremenda culpa: un gran remordimiento por algún pecado en particular, alguna actitud o conducta que he lamentado profundamente... durante horas e incluso días. En el momento mismo decidía no volver a caer jamás en ese pecado, no repetir nunca más ese terrible error. Después, cuando la huella de la culpabilidad se desvanece, cometo de nuevo el mismo pecado.

Sin embargo, con mayor frecuencia, he experimentado la clase de culpa, vergüenza y pesar persistente. Me persigue. Me atormenta. Me molesta. ¡Me preocupa y me paraliza tanto! No puedo ignorarla ni librarme de ella. Es como si no pudiera soltarla. Esto me recuerda el título de una conocida canción de rock: "Atrapado en un momento del que no puedes salir".[2]

Yo sé cómo es sentirse así. El Señor sabe que lo sé. Y estoy segura de que tú también lo sabes.

Por alguna razón, seguimos reproduciendo en nuestra mente una y otra vez esa escena fatídica, ese error humillante, esa decisión terrible, esas palabras horribles, ese pecado gravísimo. Nos horrorizamos, nos avergonzamos, a veces incluso lloramos por las cosas que hemos dicho o hecho mucho antes de ser conscientes de nuestros actos —antes de conocer a Jesús—, y por lo dicho y hecho desde entonces, cuando ya éramos totalmente conscientes.

---

1. *Pride and Prejudice,* dirigida por Simon Langton (A&E, 1995), DVD. Producida en español con el título de *Orgullo y prejuicio.*

2. U2, "Stuck in a Moment That You Can't Get Out Of " por U2, Universal-Polygram International Publishing, Inc., 2001.

¡Si pudiéramos presionar la tecla de "cancelar" o "borrar" en la vida real!

Pero no es posible.

Entonces, por defecto, nos flagelamos verbalmente.

No puedo creerlo...

¿Por qué hice eso? ¿Por qué dije eso?

¿Por qué no hice esto? ¿Por qué no dije aquello?

¿En qué estaba pensando?

¿Qué me está pasando?

Nunca podré perdonarme. ¿Cómo pude ser tan imbécil? ¿Tan necia? ¿Tan ciega? ¿Tan egoísta? ¿Cómo pude estar tan equivocada?

¡Como si hubiera alguna buena respuesta a estas preguntas! Como si el interrogatorio pudiera proporcionarnos el alivio que estamos buscando, que anhelamos. Ni aun así podría cambiar lo ocurrido hace veinte años o veinte minutos, se trate de una decisión desastrosa que nos cambió la vida o de una serie de fracasos diarios que se acumularon hasta formar una montaña de culpa, vergüenza y pesar.

Mientras sigamos llevando ese peso sobre nuestros hombros, nos tambalearemos y tropezaremos por la vida, en vez de correr libres, de bailar con gracia, valor y fortaleza, de ser las mujeres que Dios ha diseñado.

> *La fe es la confianza viva y audaz en la gracia de Dios; una confianza tan firme e inamovible que quien la posee arriesgaría mil veces la vida por ella.*
>
> Martín Lutero

Se han escrito infinidad de libros —se han cantado himnos y predicado sermones— sobre el tema de la gracia. La teología de la gracia. La asombrosa verdad de que Dios amó tan apasionada, devota y espléndidamente al mundo —a ti, a mí, a todos— que envió a su Hijo unigénito a sufrir una muerte cruel y agónica en la cruz para pagar por nuestros pecados. Él recibió el castigo en nuestro lugar para que fuésemos perdonados y reconciliados con Él. No fue porque nos lo hubiéramos ganado. Ni por ser dignos o de algún modo merecedores de ello. Nada podríamos hacer jamás a este respecto. Ni entonces ni ahora, ni nunca.

Esto es lo que hace que sea tan increíble, tan asombroso, tan inconcebible, tan incomprensible.

"Venid luego, dice Jehová, y estemos a cuenta: si vuestros pecados fueren como la grana, como la nieve serán emblanquecidos; si fueren rojos como el carmesí, vendrán a ser como blanca lana" (Is. 1:18). Más adelante, sigue diciendo: "Yo, yo soy el que borro tus rebeliones por amor de mí mismo, y no me acordaré de tus pecados" (Is. 43:25). Y en el Nuevo Testamento leemos: "Cuando Dios nuestro Salvador dio a conocer su bondad y amor, él nos salvó, no por las acciones justas que nosotros habíamos hecho, sino por su misericordia. Nos lavó, quitando nuestros pecados, y nos dio un nuevo nacimiento y vida nueva por medio del Espíritu Santo" (Tit. 3:4-5, NTV).

Horatio Spafford plasmó esta verdad de un modo hermoso en la tercera estrofa de su bello himno: "It Is Well with My Soul", conocido en español como: "Alcancé salvación":

> Mi pecado —¡oh, la dicha de tan glorioso
>   pensamiento!—

> Mi pecado, no solo una parte, sino completo,
> está clavado en la cruz, y no cargo con él ya más:
> ¡Alaba al Señor, alaba al Señor, oh, alma mía![3]

Esto es el evangelio, el fundamento mismo de nuestra fe. Si sabemos esto, si lo creemos, ¿por qué es tan difícil dejar atrás nuestra culpa, nuestra vergüenza, nuestro pesar? Jesús dijo que Él nos ha perdonado. ¿Por qué, pues, no podemos perdonarnos a nosotros mismos?

En realidad, la culpa debería ser un regalo. Me refiero a la culpa buena. La culpa verdadera. La culpa saludable. Esa que nos avisa cuando hacemos algo malo, nos muestra la verdad, nos mantiene humildes, sin arrogancia ni orgullo como los fariseos santurrones y arrogantes. La que nos recuerda constantemente que somos pecadores necesitados de un Salvador, y que lo tenemos. Nuestro Salvador es fuerte y poderoso; su gracia es mayor que nuestro pecado. Nos hace rebosar de amor y gratitud hacia Él (al menos puede hacerlo; debería hacerlo). Y si lo permitimos, la culpa nos enseñará, nos ayudará a aprender de nuestros errores; sirve de elemento disuasorio. Si no podemos ser buenos "por amor a Dios", seámoslo al menos para evitar el dolor, el malestar de la conciencia culpable, y las demás consecuencias.

Como escribe Brennan Manning: "La culpa saludable reconoce el mal hecho y siente remordimiento, y queda libre para aceptar el perdón que se le ofrece. Esta culpa se centra en la comprensión de que todo ha sido perdonado, el mal ha sido

---

3. Horatio G. Spafford, "It Is Well with My Soul," dominio público, 1873. Conocido en español como "Alcancé salvación".

redimido".[4] Y 2 Corintios 7:10 (NTV) explica: "Pues la clase de tristeza que Dios desea que suframos nos aleja del pecado *y* trae como resultado salvación. No hay que lamentarse por esa clase de tristeza; pero la tristeza del mundo, a la cual le falta arrepentimiento, resulta en muerte espiritual".

La tristeza del mundo, el dolor pesimista, la culpa negativa frente a la culpa saludable a la que respondemos de manera negativa. Es lo que sucede cuando nos aferramos a nuestra culpa en vez de confesar nuestro pecado, arrepentirnos y soltarla, dejándosela a Jesús.

Ahí es donde tropezamos. Es lo que nos derriba. Manning afirma:

> Cuando nos sumergimos en la culpa, el remordimiento y la vergüenza por pecados reales o imaginarios del pasado, estamos desdeñando el regalo de la gracia de Dios. La preocupación por el "yo" siempre es un importante componente de la culpa negativa y la recriminación. Agita nuestras emociones, las revuelve de manera autodestructiva, y nos encierra en la poderosa ciudadela de nuestro propio ser, nos lleva a la depresión y a la desesperanza, y evita la presencia de un Dios compasivo. El lenguaje de la culpa nega-

4. Brennan Manning, *The Ragamuffin Gospel: Good News for the Bedraggled, Beat-Up, and Burnt Out* (Sisters, OR: Multnomah, 2005), p. 117. Publicado en español por Casa Creación con el título: *El evangelio de los andrajosos.*

> tiva es duro. Exige, maltrata, critica, rechaza, acusa, culpa, condena, reprocha y reprende. Habla con impaciencia y castiga. Los cristianos se espantan y se horrorizan de sus fallos. La culpa negativa llega a ser más grande que la vida.[5]

Sin embargo, Dios no se espanta ni se horroriza; ni siquiera se decepciona cuando fallamos. "Y en esto conocemos que somos de la verdad, y aseguraremos nuestros corazones delante de él; pues si nuestro corazón nos reprende, mayor que nuestro corazón es Dios, y él sabe todas las cosas" (1 Jn. 3:19-20).

Todas.

Él lo sabe todo. Lo ve todo. Nada de lo creado le es oculto. (He. 4:13).

Salmos 103:13-14 nos dice: "Como el padre se compadece de los hijos, se compadece Jehová de los que le temen. Porque él conoce nuestra condición; se acuerda de que somos polvo". Él entiende nuestra debilidad, nuestra fragilidad. Conoce nuestro corazón. Nos ve tal como somos, según su diseño. Y su amor por nosotros es absolutamente incondicional.

Una cosa es tener convicción, saber que te han ofendido o que has sido tú el ofensor y que necesitas rectificar; otra distinta es sentirse condenado, esperar sin esperanza el inevitable castigo por tus pecados.

"Ahora, pues, ninguna condenación hay para los que están en Cristo Jesús" (Ro. 8:1).

Philip Yancey señala: "La manera de librarse de [la culpa]

---

5. Ibid.

no es librarse del sentimiento de culpa, sino librarse del mal cometido, que causó el sentimiento de culpa".[6]

¿Pero cómo se hace?

Entrégaselo a Jesús. Lo pequeño y lo grande. Lo obvio, lo que todos saben y pueden ver, y hasta el secreto más profundo y escondido. "Si confesamos nuestros pecados, él es fiel y justo para perdonar nuestros pecados, y limpiarnos de toda maldad" (1 Jn. 1:9).

No puedes leer los Evangelios sin ver el amor, la misericordia y la gracia de Dios, su compasión por quienes estaban atrapados en el pecado, doblegados por la culpa y la vergüenza. A Jesús lo llamaban "amigo de pecadores", porque buscó deliberadamente a los perdidos... los marginados, los indeseables, los intocables, los andrajosos. Salió a buscarlos y los encontró. No importaba quiénes fueran ni lo que hubieran hecho; siempre que ansiaran la esperanza, estuvieran hambrientos de la verdad y anhelaran recibir ayuda, Él los aceptaba. Los recibía con los brazos abiertos, tal como eran. Los amaba. Los perdonaba. Los restauraba.

Este mismo Jesús también nos invita a ir a Él.

Aunque hayamos ido a Él, le hayamos aceptado, y Él nos haya limpiado, perdonado y seamos una nueva criatura... sabe que, en ocasiones, volveremos a caer en la tentación.

Volveremos a meter la pata a más no poder. Todos cometemos muchos errores.

Aun así, Él llama: "¡Ven!".

---

6. Philip Yancey, entrevista realizada por Laura Bagby, "Philip Yancey: Hinting at God", CBN.com, www.cbn.com/spirituallife/biblestudyandtheology/perspectives/bagby-philip_yancey_0803.aspx.

Gracias a Jesús no tenemos que vivir sumidos en la culpa, la vergüenza y el pesar. Nuestros errores no nos definen. Somos mucho más que una mala elección, una mala respuesta, un momento de egoísmo, enojo o rebeldía. Somos más que cualquier falta o error, y mucho más que todos ellos juntos: pasados, presentes o futuros.

Mis héroes son aquellos que sobrevivieron a pesar de no haber hecho bien las cosas, que cometieron errores, pero que se recuperaron de ellos.

Bono

En Juan 11 encontramos dos figuras conocidas que suelen recordarse más por sus errores... sus nombres se han convertido, a lo largo de los siglos, en sinónimos de sus fracasos pasajeros. Y sin embargo, en este capítulo vemos que fueron mucho más. Jesús los conocía tal como eran en verdad. Es hora de que nosotros también lo hagamos.

Primero está Tomás. "El incrédulo Tomás". Es el escéptico, que una vez dijo: "Si no viere en sus manos la señal de los clavos, y metiere mi dedo en el lugar de los clavos, y metiere mi mano en su costado, no creeré" (Jn. 20:25). A través de los siglos, muchos lo han condenado por su falta de fe, mientras que otros se han compadecido justificando que su renuencia a creer era "comprensible".

Sin embargo, no fue más que un momento de incredulidad.

En Juan 11:1-16, los otros discípulos trataron de disuadir a Jesús de volver a Judea. Ellos tenían miedo y no querían ir ni para ayudar a un amigo como Lázaro, porque los fariseos podían tratar de apedrear a Jesús de nuevo. Pero Tomás puso fin a la discusión al declarar con valentía su disposición a seguirle dondequiera que fuera, incluso hasta la muerte: "Vamos también nosotros, para que muramos con él". Y lo dijo en serio. Y eso fue lo que hizo, y se llevó a los demás discípulos con él.

Tomás tenía un coraje y una fe verdaderos, y un compromiso real con la causa de Cristo. Él predicaba con el ejemplo. Hacía lo que decía. La historia cuenta que llevó el evangelio por todo el Imperio romano y que fue el primer misionero en la India. Aun cuando su fe falló una vez —por un solo momento—, vemos que no tardó en humillarse, arrepentirse y creer. Tomás no permitió que sus errores lo definieran. Por Jesús, él fue mucho más que eso.

Después está Marta. No hay mujer cristiana que desconozca su historia Estaba tan ocupada haciendo cosas *para* Jesús que olvidó pasar tiempo *con* Él. Ajetreada, iba de acá para allá en la cocina, atrapada por los afanes de esta vida, gruñona, fastidiosa y quejosa en vez de tomarse tiempo (como su hermana María) para sentarse a los pies de Jesús.

A veces, nuestra forma de contar la historia hace pensar que María era la Cenicienta, y Marta, una de sus desagradables hermanastras. Pero en Juan 11:17-43 hay una escena diferente. Es María quien flaquea en la fe, quien se deja llevar por sus emociones (enojo, dolor, frustración, temor y desesperación). Solo se acerca a Jesús cuando Él la manda a llamar.

Sin embargo, Marta lo está buscando. Lo espera a las afueras de la ciudad. Y cuando Él le pregunta si confía en Él, si cree en Él, ella responde con una de las declaraciones de fe más poderosas y contundentes de los Evangelios. No sabía lo que Él iba a hacer (v. 39), pero sabía quién era: "Sí, Señor. Siempre he creído que tú eres el Mesías, el Hijo de Dios, el que ha venido de Dios al mundo" (Jn. 11:27, NTV).

A pesar de su actitud ese "día terrible, horrible y aciago", Marta era una mujer de fe. Una mujer de fortaleza y carácter, de dignidad e integridad. Lo vemos a lo largo de esta historia. No se dejó definir por sus errores del pasado. Por Jesús, ella era mucho más que eso.

Por doloroso que sea, un acontecimiento emocional relevante puede ser el catalizador que nos lleve a escoger la dirección más eficaz para nuestra vida y la de quienes nos rodean. Busca la lección.

Louisa May Alcott

Hojea las páginas de las Escrituras, y verás muchos hombres y muchas mujeres que fueron demasiado humanos. Tenían graves defectos de carácter. Cometieron grandes errores antes *y* después de que Dios los llamara. Pero Él siguió trabajando en y por medio de ellos para lograr cosas importantes y poderosas para su reino. En 2 Corintios 4:7, Pablo explica: "Pero tenemos este tesoro en vasos de barro, para que la excelencia del poder sea de Dios, y no de nosotros". Más adelante expresa: "Por tanto, de buena gana me gloriaré más bien en mis debilidades, para que repose sobre mí el poder de Cristo... porque cuando soy débil, entonces soy fuerte" (2 Co. 12:9b-10).

En nuestra debilidad se manifiestan el poder y la fortaleza

de Dios. Su luz brilla intensamente a través de las grietas de nuestra vida arruinada y resquebrajada. El mundo puede ver a Jesús en nosotras. No tenemos que ser perfectas, piadosas ni darle gloria por naturaleza. Solo tenemos que estar dispuestas. Lo sorprendente es que cada día Dios usa a personas comunes y corrientes, como tú y yo, para que hagan cosas extraordinarias para Él.

¿Y tú?

¿Dejarás que tus errores y fracasos te definan? ¿O escogerás creer lo que Jesús dice de ti, verte como Él te ve? En ocasiones, llena de defectos, frágil e imperfecta, pero profundamente amada. La niña de sus ojos. Su obra maestra de gran valor, su posesión más preciada. Vestida de su justicia, sin mancha y pura delante de Él. Radiante con su amor, su gozo, su paz. Una obra formidable y maravillosa. Gloriosamente individual y única, que día a día se va convirtiendo en un hermoso reflejo de Él.[7]

---

7. Ver, por ejemplo: Colosenses 3:12; Zacarías 2:8; Efesios 2:10; 1 Pedro 2:9; Salmos 139; Efesios 5:27; Romanos 8:28-30 y 2 Corintios 3:18.

Estudio bíblico

Al final de cada capítulo encontrarás preguntas como estas, que te ayudarán a reflexionar en los principios bíblicos que hemos visto, y a aplicarlos a tu propia vida. Puedes anotar tus respuestas en un cuaderno o diario personal.

1. ¿En qué medida te parece que luchas con sentimientos de culpa, vergüenza y pesar?

- ☐ De vez en cuando
- ☐ Con bastante frecuencia
- ☐ Constantemente
- ☐ Me tienen paralizada

2. ¿Con qué clase de culpa o vergüenza luchas más? Asígnale un porcentaje de tiempo (sobre 100) a cada una:

______Hechos específicos (decisiones, acciones, actitudes o conductas) de tu pasado

______Hechos cotidianos (hacer trampa con tu dieta, perder la calma, llegar tarde)

______La culpa externa (la presión de nuestra cultura, de los medios de comunicación o de otros para que sepamos más, seamos más, hagamos más, parezcamos más...)

______La culpa interna (los sentimientos de culpa, vergüenza o pesar profundamente arraigados por fallar en cosas que controlamos poco o nada, o por circunstancias que no has propiciado y no puedes cambiar)

Hebreos 4:14 y 16 explica: "aferrémonos a lo que creemos... Así que acerquémonos con toda confianza al trono de la gracia de nuestro Dios. Allí recibiremos su misericordia y encontraremos la gracia que nos ayudará cuando más la necesitemos" (NTV).

A continuación te mostraré cómo hacerlo: cómo soltar la culpa y la vergüenza y aferrarse a la gracia.

Reconoce la diferencia entre la culpa verdadera y la culpa falsa. La culpa verdadera es la que sientes cuando hiciste algo malo. Llámalo tu consciencia o la convicción del Espíritu Santo. Tu actitud, tus acciones o tu comportamiento; son cosas de las que eres responsable y están en tus manos.

La culpa falsa es la que sientes cuando te haces responsable de cosas que no están en tus manos ni dependen de ti; cosas que realmente no son culpa tuya. Por ejemplo, los hijos frente al divorcio de sus padres; las víctimas de abuso a las que acusan dicen, o llegan a creer solas, que de alguna manera incitaron o provocaron el abuso, o que se lo merecían. Los sobrevivientes de tragedias y catástrofes que se sienten culpables por seguir con vida cuando otros murieron. O quienes hemos llegado a creer que está en nuestras manos impedir que les sucedan cosas malas a las personas que amamos y que, de alguna manera, somos responsables de sus decisiones, sus problemas, sus actos, sus actitudes y su comportamiento, así como de su salud, su felicidad y su bienestar integral. (Ampliaremos el tema del espejismo de tener el control en el capítulo siete). La culpa falsa es la que sentimos ante la imposibilidad de alcanzar nuestros propios valores morales y nuestras expectativas poco realistas. (Veremos más sobre este punto en el capítulo tres).

Solo Dios es omnisciente, omnipresente y todopoderoso. Solo Él es absolutamente perfecto. Y nosotras no somos Él.

Sácalas a la luz. El pecado prolifera en el secreto; la culpa y la vergüenza solo crecen en la oscuridad. Cuando somos sinceras con Dios, con nosotras mismas y con otros, no hay por qué temer a ser descubiertas o a quedar expuestas. Estamos despojando al enemigo de su fuente de "extorsión" emocional o espiritual: esa vara enorme y horrible con la que le gusta apalearnos. Podemos ver con mayor claridad cuando lo mantenemos todo a la luz de su verdad (ver 2 Co. 4:6, Ro. 13:12, 1 Co. 4:5, Ef. 5:8-11 y 1 P. 2:9). Por tanto, exprésale a Jesús las cosas que lamentas haber hecho, esas por las que te sientes culpable o avergonzada. Él ya lo sabe; pero te ayudará a quedar limpia, a quitar esas barreras invisibles que te impiden experimentar su presencia. Puedes hablarle calladamente en el silencio de tu corazón o en voz alta con una oración, o en las páginas de tu diario. Como te resulte más natural.

Tal vez algunas cosas deban permanecer solo entre tú y Él. No obstante, sería bueno que compartieras otras con tu cónyuge, con alguien a quien rendirle cuentas, con una amiga de confianza o con un círculo de amigas y con tu familia. Con esas personas que te escucharán con empatía, sin juzgarte ni condenarte; esas que te señalarán la verdad con amor, y orarán contigo y por ti. Cuando tú les hablas con franqueza y sinceridad sobre tus luchas, las autorizas a ser francas y sinceras sobre las suyas. ¡Y descubres que no eres la única!

Sé que tal vez no tengas a nadie en tu vida, ahora mismo, dispuesta o disponible para ser esa persona en la que puedes confiar realmente. Puede que tus amistades y tu familia estén demasiado implicadas para ser objetivas o quizás no puedan comprender ni identificarse con la complejidad del problema que estás enfrentando. Es posible que estés considerando hablar con un consejer o terapeuta cristiano, alguien que pueda ser objetivo y te brinde la perspectiva ideal y bíblica que tanto necesitas. (Para más información, ver la sección llamada "¿Cuándo necesito a una compañera a quien rendirle cuentas, una coach de vida o un terapeuta profesional?". Y consulta la sección de Recursos recomendados, que está al final del libro).

Recuerda que la gracia triunfa sobre el karma y las consecuencias. Las religiones orientales enseñan que el pecado es el causante de todo nuestro dolor y sufrimiento —ya sea el que se ha cometido en esta vida o en una vida pasada— y que, al final, todos recibimos lo que nos merecemos. Y los místicos de la nueva era dicen que todo aquello que hagamos en el universo nos vendrá de vuelta. La Biblia enseña el principio de que nuestras acciones tienen consecuencias: cosechamos lo que sembramos (Gá. 6:7). Pero luego nos enseña que hay una ley mayor en funcionamiento: la ley del amor... de Dios por nosotros, no del nuestro por Él. Y eso nos muestra el triunfo de su gracia. "Ahora, pues, ninguna condenación hay para los que están en Cristo Jesús"; no recibimos lo que merecemos (Ro. 8:1).

Cuando en esta vida experimentamos dolor y sufrimiento, no es porque estemos pagando por nuestros pecados; esa deuda ya se pagó. A veces (aunque no siempre), Dios nos permite experimentar las consecuencias naturales de nuestros actos. Y eso puede ser duro. A veces Él permite que pasemos por la disciplina (escarmiento y corrección) que necesitamos. Pero nunca es un castigo por nuestros pecados. Nunca es punitivo, vengativo ni lo hace por represalias. Y aun cuando las pruebas y las tribulaciones que experimentamos son culpa nuestra, Él nos ofrece su misericordia en medio de ellas. Él nos cubre con su gracia. Nos da su paz y su fortaleza. No encontramos en las Escrituras a nadie que fuese reprendido *jamás* por buscar ardientemente a Dios ni por pedirle ayuda, cualquiera que fuera el problema en el que se hubiera metido ni aunque lo mereciera. Sin embargo, muchos fueron reprendidos por negarse con terquedad a buscar el rostro de Dios, prefiriendo sufrir con estoicismo las consecuencias de su pecado en vez de pedir y recibir su misericordia y su gracia.

Aprende de tus fracasos y tus errores. Todos tropiezan y caen o fallan. Todos se equivocan. ¡Puedes desanimarte o dejarte vencer por tus errores, o puedes usarlos y sacar provecho de ellos! Permite que esas experiencias dolorosas te enseñen. Que te ayuden a crecer y madurar como mujer y también en tu fe.

Cuando era más joven, no podía entender a quienes afirmaban no arrepentirse de nada. ¿Cómo es posible no lamentar cosas que dijiste o hiciste —decisiones que tomaste— que terminaron por perjudicarte o por lastimar a otros? ¿Cómo puede ser que no te pese haber desobedecido o deshonrado al Dios que te amó y se entregó a sí mismo por ti? Sigo pensando que es imposible, aunque ahora creo comprender lo que quieren decir. Puedo afirmar con total sinceridad que estoy agradecida por mis errores —por más dolorosos que fueran (o sean)— por lo que he aprendido de ellos. Sí, fue duro. *Es* duro. Pero, sin duda, es la mejor alternativa. He conocido a algunos que nunca aprendieron a hacer esto o a decir aquello, o a comportarse de cierta manera. No han aprendido de sus errores. Siguen dejando a su paso una estela de destrucción y numerosas personas heridas. Estoy contenta de haber aprendido la lección, para no volver a cometer los mismos errores, aunque me haya costado caro aprenderla.

Y sé que en la economía de Dios, nada se desperdicia. Él lo usa todo, hasta mis fracasos y errores, en el proceso de conformarme a la imagen de su precioso Hijo. Él lo compara con el fuego purificador (Is. 48:10). Él mismo aumenta la intensidad del fuego —o permite que se incremente—para que todas mis impurezas e imperfecciones, mis equivocaciones y mis fallos afloren. Ahí es donde se pueden ver con claridad y ser tratados a conciencia. Sé que Él está obrando en mi vida y a través de mí; "me probará, y saldré como oro" (Job 23:10).

Se construye sobre el fracaso. Se usa de trampolín. Cierra la puerta al pasado. No intentes olvidar los errores, pero no te recrees en ellos. No permitas que te absorban tu energía, tu tiempo ni tu espacio.

Johnny Cash

Resiste al enemigo de tu alma. Apocalipsis 12:10 declara que uno de los nombres del diablo es "el acusador" ("el acusador de nuestros hermanos"), y que día y noche los acusa delante de Dios. Pero Él no le hará caso, y nosotros tampoco deberíamos hacerlo. Sabemos que Jesús derramó su sangre por nosotros y que hemos sido perdonados y liberados. Y "si el Hijo os libertare, seréis verdaderamente libres" (ver Jn. 8:31-36).

El salmista oró: "Venga a mí tu misericordia, oh Jehová; tu salvación, conforme a tu dicho. Y daré por respuesta a mi avergonzador, que en tu palabra he confiado" (Sal. 119:41-42). ¡Su salvación ha llegado a nosotros! Y la manera de responder al enemigo, a nuestro acusador —ya sea que susurre en nuestro corazón o hable por boca de quienes nos rodean— es con la Palabra de Dios. Llena tu corazón y tu mente de ella. Medita en ella. Memorízala. Úsala para llevar "cautivo todo pensamiento", en vez de permitir que tus pensamientos y tus sentimientos tomen control sobre ti (2 Co. 10:5).

Llena tu corazón, tu hogar, tu auto, tu oficina, tu reproductor de MP3 de alabanza y adoración. (Ver algunas sugerencias en la sección de Recursos recomendados). Agradece constantemente a Dios su gracia y su misericordia; recuerda que Isaías 54:17 dice: "Ninguna arma forjada contra ti prosperará, y condenarás toda lengua que se levante contra ti en juicio. Esta es la herencia de los siervos de Jehová, y su salvación de mí vendrá, dijo Jehová".

Romanos 16:20 declara: "Y el Dios de paz aplastará en breve a Satanás bajo vuestros pies. La gracia de nuestro Señor Jesucristo sea con vosotros".

Niégate a regodearte en la culpa. No pongas ni un pie en ese camino negro y oscuro. Judas y Pedro traicionaron a Jesús. Judas se sintió tan avergonzado, que se ahorcó. Pedro se sintió tan avergonzado que se humilló y Dios lo perdonó, lo redimió y lo restauró. "Y él da gracia con generosidad. Como dicen las Escrituras: 'Dios se opone a los orgullosos pero da gracia a los humildes'" (Stg. 4:6, NTV).

No te regodees en la autocompasión, la inseguridad, el

autorreproche, la autocondenación... ¡en nada que vaya en contra tuya! Y es que regodearse en la culpa no es humildad verdadera. No produce fruto de arrepentimiento ni cosecha de justicia y paz (He. 12:11, NVI). Deja de mirar tu propio ombligo y fija tus ojos en Jesús. Luego busca a tu alrededor a otros que estén luchando, y a los que puedas ayudar, animar, consolar, fortalecer o sostener. ¡Es una de las maneras más poderosas y eficaces de cambiar de canal en tu mente!

Deja que te lleven a amar más a Jesús, mucho más. Él cargó sobre sí todos nuestros pecados, nuestra culpa, nuestra vergüenza. Se humilló a sí mismo por amor y se despojó de su divina gloria y majestad para convertirse en uno de nosotros. Con paciencia soportó el rechazo, el escarnio, la burla, la vergüenza. Y después sufrió voluntariamente una muerte cruel y angustiosa en la cruz, donde recibió el castigo que nosotros merecíamos. Fíjate cómo lo explica Él:

> El Espíritu de Jehová el Señor está sobre mí, porque me ungió Jehová; me ha enviado a predicar buenas nuevas a los abatidos, a vendar a los quebrantados de corazón, a publicar libertad a los cautivos, y a los presos apertura de la cárcel; a proclamar el año de la buena voluntad de Jehová, y el día de venganza del Dios nuestro; a consolar a todos los enlutados; a ordenar que a los afligidos de Sion se les dé gloria en lugar de ceniza, óleo de gozo en lugar de luto, manto de alegría en lugar del espíritu angustiado (Is. 61:1-3; Lc. 4:18-19).

Él vino para eso. ¿Percibes la dulzura, la bondad y la compasión? ¿La justicia mezclada con misericordia, la sublime gracia?

Ella lo escuchó. Y quedó fascinada. Cautivó por completo su corazón.

Conocida, hoy y entonces, como una mujer "pecadora", una paria, una marginada social, se atrevió no obstante a ir a casa de Simón el fariseo (Lc. 7:36-50). Tal vez fuera por impulso, por el deseo repentino y arrollador de darle las gracias. Al salir de su casa había tomado lo único valioso que tenía: un frasco de alabastro con un costoso perfume. ¿Qué más podía darle ella a cambio de lo que Él le había dado? Al acercarse, quizás se percató de que ni siquiera había pensado en lo que iba a hacer o decir cuando lo viera. Eso, si lo veía. Si la dejaban entrar. También es posible que hubiera ensayado una y otra vez las palabras durante el trayecto; lo que le diría a Jesús, si tenía un momento para hablar con Él antes de que la echaran de allí.

Llegado el momento, no le salieron las palabras. Solo lágrimas.

Un mar de lágrimas.

> [Y] estando detrás de él a sus pies, llorando, comenzó a regar con lágrimas sus pies, y los enjugaba con sus cabellos; y besaba sus pies, y los ungía con el perfume (Lc. 7:38).

Simón no se conmovió por su expresión de amor y gratitud. Aunque no dijo nada, la juzgó en su corazón, y a Jesús también por no juzgarla a ella.

Jesús sabía lo que había en el corazón de Simón y lo

diga ¡NO PESCAR! Cada vez que te venga a la mente el recuerdo de un pecado en particular, mira esa hoja o poster y recuerda que debes dejarlo allí.

5. Lee 2 Corintios 12:7-10. ¿Qué clase de batalla estaba librando el apóstol Pablo? ¿Qué intentó hacer al respecto?

Gran cantidad de eruditos bíblicos han especulado sobre cuál podría haber sido el "aguijón" de Pablo. Algunos insisten en que se trataba de una debilidad física, mientras otros se decantan por algo espiritual: una clase específica de tentación. Los hay que sugieren que era el recuerdo de los cristianos que había perseguido y asesinado antes de llegar a la fe en Cristo. O que cada vez que se encontraba con quienes no lograban olvidar su pasado, lo trataban con sospecha y desconfianza.

Sea lo que sea, tenía un aguijón. ¿Cómo aprendió, pues, Pablo a afrontarlo? ¿Cuál era su actitud?

6. Elige uno de los siguientes versículos (o uno mencionado en este capítulo), memorízalo y medita en él durante la semana:

Salmos 32:5
Salmos 51:10
Salmos 130:3-4
Filipenses 4:8
Salmos 103:12
2 Corintios 10:3-5
Efesios 1:7
Job 23:10

7. Anota en tu diario cualquier otro pensamiento o reflexión.

Capítulo tres

Deja atrás las normas absurdas y las expectativas irreales

No creo que haya otra persona que necesite la ayuda y la gracia de Dios tanto como yo. A veces me siento muy indefensa y débil. Creo que por eso Dios me usa. Porque no dependo de mis propias fuerzas, sino de Él las veinticuatro horas del día. Y si el día tuviera más horas, entonces necesitaría su ayuda y su gracia durante esas horas también.

Madre Teresa

La enfermera de un hospicio australiano llamada Bronnie Ware pasó varios años cuidando pacientes terminales con un pronóstico de vida inferior a doce semanas. Cuando se percataban de que se estaban muriendo, muchos de ellos tenían revelaciones —epifanías— sobre la vida. Eran cosas que les habría gustado descubrir hace mucho, mucho tiempo. Ware decidió tomar nota para poder aprender de ellas y nosotras también. Hizo una lista de las cinco cosas que más lamentaban los moribundos, de los temas que se repetían una y otra vez.

Todos tenían que ver con prioridades equivocadas. Cada

uno de los hombres lamentaba haber "trabajado mucho" a expensas del tiempo con su familia. Tanto hombres como mujeres deseaban haber sido más francos y sinceros sobre sus sentimientos, y haberse esforzado más en cultivar su relación con familiares y amigos. Comprendían, demasiado tarde, que la felicidad es una decisión... una actitud que uno puede decidir tener cualesquiera que sean las circunstancias.

Sin embargo, lo que más lamentaban —lo que encabezaba la lista— era esto: "Desearía haber tenido el valor de vivir siendo fiel a mí mismo, y no como otros esperaban de mí".[1] Basándome en mi experiencia personal y en lo que he visto en la vida de numerosas mujeres —lectoras, hermanas, amigas— lo reformularía de esta manera: "Desearía haber tenido el valor de vivir una vida fiel al designio de Dios para mí y haberlo descubierto mucho antes. Desearía no haberme presionado tanto ni haber permitido que otros lo hicieran, y todo para convertirme en una mujer que nunca podría ser, sencillamente porque no debía serlo. Desearía haber sido tan solo auténtica. La mejor versión de mí. La que Jesús quería que fuera".

En cambio, demasiadas mujeres vivimos bajo constante presión y estrés, preocupación y temor, culpa y condenación. Intentamos con desesperación —y el fracaso es rotundo (o eso parece)— estar a la altura de normas realmente imposibles de alcanzar, de expectativas del todo irreales. Tenemos una idea de cuál debería ser nuestro aspecto, cómo hablar, actuar, pensar, vestirnos, trabajar, descansar, vivir, amar... una imagen

---

1. Susie Steiner, "Top Five Regrets of the Dying," *The Guardian*, 1 de febrero, 2012, www.theguardian.com/lifeandstyle/2012/feb/01 /top-five-regrets -of-the-dying.

creada por nosotras o que nos han transmitido (o ambas cosas) y que tiene poco que ver con la realidad.

¿De dónde procede esa idea? ¿De dónde sacamos esos sueños y esas visiones, esas expectativas y esas normas? ¿Por qué sentimos tanta presión por cumplir con lo que se espera de nosotros y amoldarnos? Creo que en parte es algo externo —proviene de alguien o algo fuera de nosotras— y en parte interno. Puede venir de nuestra sociedad, nuestra cultura, los medios de comunicación. Constantemente se nos recalca que no somos "bastante". No somos suficientemente altas o bajas, delgadas o voluptuosas. Ni lo bastante bellas o sexys, femeninas, fuertes, saludables, inteligentes, amables, importantes, educadas, artísticas o creativas. No somos lo bastante organizadas, ordenadas, estructuradas, diligentes, pacientes, amorosas, espirituales, buenas. Comoquiera que seamos, no es suficiente.[2]

A veces recibimos el mismo mensaje, u otros similares, de nuestros amigos y familiares. Las expectativas que tienen de nosotras, las normas que nos imponen y el sentimiento de culpa que nos endosan exigen que seamos, digamos y hagamos lo que ellos quieren. Aunque en honor a la verdad, hacemos lo mismo con ellos, aunque no lo pretendamos. En cierto modo, es fruto de nuestra mente; en realidad no viene de ellos. Y aunque así fuera, contribuimos a ello por no poner límites saludables. (Jennifer Degler ha escrito un libro magnífico en inglés sobre este tema: *No More Christian Nice Girl: When Just Being Nice—Instead of Good—Hurts You, Your Family, and Your Friends.* Ver la sección de Recursos recomendados para más sugerencias).

2. Christin Ditchfield, *Enfrenta tus temores* (Grand Rapids, MI: Editorial Portavoz, 2014), p. 38.

Parte de la presión se produce por nuestras propias expectativas y normas, esperanzas, sueños e imaginación. (Culpo a todas las películas infantiles de los últimos treinta años por adoctrinar a los niños, tan fáciles de impresionar, en la creencia de que pueden ser lo que quieran ser, siempre y cuando lo deseen y lo crean de todo corazón. Yo lo creí *realmente* a pies juntillas y sigo sin tener la elegancia, la complexión ni la coordinación necesarias para ser una patinadora artística o una primera bailarina).

No reconocemos la individualidad, la personalidad ni el temperamento que Dios nos ha dado. Nuestro trasfondo y nuestras experiencias, nuestras fortalezas y debilidades. Nuestro estilo de aprendizaje y nuestros dones espirituales. Todas estas cosas nos ayudan a conformar quiénes somos y quiénes podemos llegar a ser. De modo que nuestra vida, nuestra profesión, nuestro ministerio, nuestras relaciones —¡y nuestra relación con Jesús!—no tienen que ser como los de nadie. No pueden serlo. Son tan únicos e individuales como nosotras.

Tampoco tenemos en cuenta la etapa de vida en la que nos encontramos. La vida consta de una serie de etapas que cambian constantemente. Tu volumen de trabajo es diferente cuando estás iniciando una empresa, una carrera o un ministerio, a cuando ya está en marcha. Los proyectos que puedes emprender cuando tienes niños pequeños son diferentes de los que puedes acometer cuando ya han dejado el hogar. Es distinto cuando te estás recuperando de un trauma, una enfermedad o una lesión, a cuando estás cuidando a tus padres ancianos o a tus nietos. Hay algunas cosas que no puedes ser (o hacer) en este momento, aunque lo hayas sido (o hecho) antes, aunque lo vuelvas a hacer más adelante.

En mi opinión, es muy probable que, de todas las fuentes

de presión, de todas las normas absurdas que afrontamos como mujeres cristianas, la mayor sea —lo creas o no—, la fe. Nuestra interpretación (o malinterpretación) de lo que Dios espera de nosotras, y cómo nos sentimos cuando no cumplimos con lo que Él espera de nosotras.

Tantas de nosotras nos sentimos culpables, por no estar viviendo como deberíamos. Es como si no fuésemos capaces de controlar nuestro temperamento o nuestra lengua. No somos tan pacientes, amables, amorosas y abnegadas como deberíamos. No estamos siendo buenas administradoras de nuestra salud, nuestras finanzas, nuestro tiempo, nuestra energía y nuestros demás recursos. No dedicamos suficiente tiempo a la Palabra, a la oración. No tenemos suficiente fe. No estamos siendo un buen ejemplo para nuestros hijos, nietos... ni para nuestros compañeros de trabajo, vecinos o amigos, inconversos. No estamos siendo un buen testimonio; en absoluto. ¡Hemos de hallar la forma de poner nuestra vida en orden! O, al menos, hacer que lo parezca.

> *En la proyección de la imagen perfecta, ciertos problemas son reales. En primer lugar, sencillamente no es verdad: no siempre somos felices, optimistas ni estamos seguros de nosotros mismos. En segundo lugar, proyectar una imagen impecable nos impide llegar a quienes piensan que no los entenderíamos. Y en tercer lugar, aunque pudiéramos tener una vida sin conflictos, sufrimiento ni errores, sería una existencia superficial. El cristiano profundo es aquel que ha fallado y ha aprendido a vivir con ello.*
>
> Brennan Manning

Hemos recibido el mensaje de que todo el tema del evangelio es la gracia. Sabemos que no nos toca ganarnos la salvación mediante esfuerzos desesperados ni con la lucha constante, demostrando así que merecemos el amor y la aprobación de Dios. Sin embargo, desconocemos cómo hacer que esto cuadre con todos los versículos que empiezan con "esforzaos…".

Dos pasajes captan a la perfección esta paradoja. El primero es Filipenses 2:12-13:

> Por tanto, amados míos, como siempre habéis obedecido, no como en mi presencia solamente, sino mucho más ahora en mi ausencia, ocupaos en vuestra salvación con temor y temblor, porque Dios es el que en vosotros produce así el querer como el hacer, por su buena voluntad.

Y este, de Efesios 2:4-10:

> Pero Dios, que es rico en misericordia, por su gran amor con que nos amó, aun estando nosotros muertos en pecados, nos dio vida juntamente con Cristo (por gracia sois salvos)… para mostrar en los siglos venideros las abundantes riquezas de su gracia en su bondad para con nosotros en Cristo Jesús. Porque por gracia sois salvos por medio de la fe; y esto no de vosotros, pues es don de Dios; no por obras, para que nadie se gloríe. Porque somos hechura suya, creados en Cristo Jesús para

> buenas obras, las cuales Dios preparó de antemano para que anduviésemos en ellas.

No, no podemos ganar nuestra salvación. Ni siquiera un poco. Pero sí tenemos un papel en ella. Se supone que somos participantes dispuestas y activas en el proceso que nos lleva a ser más y más como Jesús, en la transformación que se produce.

Solo Dios puede crear en nosotras un corazón nuevo y limpio. Solo Él puede darnos el deseo de hacer lo bueno..., capacitarnos y empoderarnos para ello. Tenemos que recibirlo y creerlo.

Así lo explica Emily Freeman:

> No eres aceptada por ser buena.
> Eres libre para ser buena, por ser aceptada.
> Tenerlo todo en orden no es responsabilidad tuya.
> Eres libre de responder a Aquel que lo tiene todo en sus manos.
> No tienes que vivir de acuerdo con expectativas imposibles.
> Eres libre de contar, expectante, con Jesús, el autor y consumador de tu fe.[3]

No estamos tratando de hacer que Dios nos ame más. ¡Él no puede amarnos más de lo que ya nos ama! Ahora mismo. Su amor por nosotros es incondicional. Hacemos buenas obras, porque Él nos ha llamado a realizarlas, nos ha creado y

---

3. Emily P. Freeman, *Grace for the Good Girl* (Grand Rapids, MI: Revell, 2011), p. 137.

diseñado para ello. Las hacemos por amor a Él, y por el deseo de mostrar su amor a otros.

El problema está en cómo respondemos al fracaso, a nuestra debilidad humana, a nuestra incapacidad de hacerlo todo bien, siempre. Algunas personas vuelven al tipo de legalismo que produjo la palabra "farisaico". Creamos un sistema elaborado de reglas destinadas a regular nuestra conducta externa, pero que no sirve contra el pecado de nuestro corazón. Si logramos cumplirlas, nos ufanamos, nos llenamos de presunción y de orgullo. Miramos con menosprecio a otros cristianos por su "mundanalidad" o "carnalidad".

Si descubrimos que no podemos observar estas reglas religiosas (las nuestras propias o las de nuestra iglesia o familia), algunas de nosotras pasamos al otro extremo: la rebeldía. Es un rechazo, la ostentación deliberada y flagrante de todos esos estándares y expectativas imposibles. Cedemos al pecado y lo justificamos pensando que Dios no lo toma en cuenta (lo llamamos gracia), o le ignoramos por completo.

Creo que la mayoría de nosotras caemos rendidas en algún lugar a mitad de camino. Unas veces nos inclinamos hacia el legalismo, y otras hacia la rebeldía. Pero de una u otra forma siempre nos inclinamos. Estamos demasiado cargadas, abrumadas, exhaustas, desanimadas y derrotadas para estar en pie.

No es divertido en absoluto. Pero me recuerda una viñeta de la artista Cathy Guisewite. En el primer cuadro, la mano de una mujer sostiene un anillo brillante. La leyenda dice: PENDIENTE DE HACER: 1955.

En la lista de la mujer figuraba una única cosa: "Un buen casamiento". En el segundo cuadro, la mano se había convertido en un puño. La leyenda decía: PENDIENTE DE HACER: 1975. Seguía habiendo una sola cosa en la lista, pero esta vez era: "¡Transformar el rol de la mujer en la sociedad!". Después venía PENDIENTE DE HACER: 1995. La lista llenaba toda la página... ¡todo, desde ganarse la vida (en una profesión gratificante) hasta casarse y formar una familia, ocuparse de la ropa sucia, las compras y el pago de las cuentas, el auto y los animales domésticos, combatir la gordura, tonificar los músculos, rebelarse contra la edad y, finalmente, salvar el planeta!

En el último cuadro, el personaje de Cathy cae desplomada, totalmente exhausta, sobre un sofá rodeado de montones de trabajo pendiente. Sustituyó el grito del movimiento de liberación femenino: "¡Soy mujer, escucha mi rugido!", por "¡Soy mujer, escucha mi ronquido!".[4]

Sé que me puedo identificar. ¿Y tú?

No hay suficientes horas en el día para todas las responsabilidades rutinarias de la vida, y mucho menos para nuestras disciplinas espirituales, nuestra colaboración, nuestro servicio y nuestro voluntariado. Por no mencionar nuestras esperanzas, sueños y planes. Por alguna razón, estamos absolutamente convencidas de que podríamos y deberíamos llevarlo todo adelante. Abordamos nuestra lista de tareas diarias con valentía y determinación. Pero por dentro estamos estresadas, ansiosas, preocupadas.

¿Qué pasa si realmente *no podemos* hacerlo todo? ¿Y si nos sale todo mal? ¿Y si nos olvidamos de algo? ¿Y si no nos llegan el tiempo, la energía o el esfuerzo para todo? ¿Qué sucede si

---

4. Cathy Guisewite, *I Am Woman, Hear Me Snore: A Cathy Collection* (Kansas City, MO: Andrews-McMeel, 1998).

fallamos... a nosotras mismas, a nuestra familia a nuestras amistades? ¿A nuestra iglesia? ¿A nuestro lugar de trabajo? ¿Qué ocurre si le fallamos a Dios? ¿Y si lo decepcionamos y lo defraudamos? Otra vez.

Recuerda lo que dijo Jesús en Mateo 11:28: "Venid a mí todos los que estáis trabajados y cargados, y yo os haré descansar". Él prometió hacernos descansar, que su yugo es fácil y su carga es ligera... es decir, que todo el peso caería sobre sus hombros, no sobre los nuestros. Nos prometió libertad, no esclavitud al pecado ni a una larga lista de normas absurdas y expectativas irreales.

Últimamente, Dios me ha estado recordando que solo necesito hacer las cosas que *Él* me ha llamado a hacer. No aquello que a mi entender debería hacer. No lo que el mundo me dice que debería hacer ni lo que nuestra cultura o nuestra sociedad me dictan. No aquello que las personas de mi industria, las personas de mi iglesia, de mi vecindario o de mi comunidad me indican. Ni siquiera lo que en opinión de mis amigos y mi familia yo debería hacer, porque lo esperen de mí o me lo exigen.

Solo lo que Jesús me ha pedido. Ni más ni menos.

El secreto de "hacerlo todo" no está necesariamente en llevarlo todo a cabo, sino más bien en descubrir qué parte del "todo" Él nos ha llamado a hacer y realizar TODO ESO bien.

Jill Briscoe

Para ser sincera, no siempre resulta fácil entender lo que esto significa, a qué correspondería en mi vida en este momento. Pero sé que aquello que Él me pida no será oneroso ni gravoso, imposible, irracional o poco realista. Él no me destina al fracaso. Sabe con exactitud lo que soy capaz de hacer… lo qué Él puede hacer, y hará, en mí y a través de mí. Es paciente conmigo. Una cosa tras otra, paso a paso, día a día y hasta hora a hora y minuto a minuto.. Porque me ama.

Él promete darme todo el valor, toda la fuerza, toda la sabiduría que necesito, todas las directrices y la orientación que busco (Stg. 1:5). ¡Solo tengo que pedírselo!

De veras creo que esa es la clave para todas nosotras, exactamente eso… para ti y para mí. Aprender a soltar los patrones imposibles y las expectativas poco realistas, y hasta las que son "perfectamente razonables y factibles", independientemente de dónde procedan o del ruido que hagan para llamar nuestra atención. Soltar todo lo que *reclame* prioridad, para poder centrarnos en lo que es realmente prioritario… lo que proviene de Él.

Para algunas de nosotras, de forma especial, significa aprender a soltar nuestro perfeccionismo (ver pp. 215-219). Para todas, representa crecer en la gracia a diario, aprender a caminar en libertad. En cuanto a lo que de verdad necesitamos hacer, lo que sabemos que Dios nos está llamando a hacer… aunque no podamos realizarlo a la perfección, sigamos intentándolo, porque Él nos lo está pidiendo.

Lo maravilloso, increíble y milagroso es que empezar de nuevo —hacer borrón y cuenta nueva— está solo a un paso. No importa lo que hayamos, o no hayamos, hecho treinta segundos antes, en nosotros está el empezar de nuevo ahora mismo. Por la gracia de Dios y con su fortaleza, podemos volver a comenzar. No tenemos que esperar hasta mañana, al lunes que viene, la semana, el mes o el año próximos. Podemos pedirle a Jesús que nos ayude en este instante a hacer lo que Él quiere que hagamos.

Corre la carrera diaria con todas tus fuerzas, para que al final recibas el galardón del triunfo de Dios. Sigue corriendo aunque te hayas caído. El galardón del triunfo lo gana aquel que no se queda caído, ¡el que siempre se levanta, toma el estandarte de la fe y sigue corriendo con la seguridad de que Jesús es el Vencedor!

Basilea Schlink

¡Haz bien lo siguiente! Así de simple. Una y otra vez. No importa cuántas veces tropecemos ni las que fallemos o fracasemos. Cada vez que necesitemos un nuevo comienzo, ¡lo tenemos!

Oswald Chambers nos muestra un poderoso ejemplo de esta verdad transformadora en las Escrituras. En una lectura devocional titulada "Toma la iniciativa contra la desesperación", Chambers vuelve a la escena del Huerto de Getsemaní (Mt. 26:36-46). Jesús les pidió a Pedro, Santiago y Juan que oraran. "Entonces Jesús les dijo: Mi alma está muy triste, hasta la muerte; quedaos aquí, y velad conmigo" (v. 38). Pero los discípulos se quedaron dormidos. Él los despertó y les volvió a pedir que oraran... por ellos mismos, por su propio bien, si no podían orar por Él. Lo necesitarían.

Una y otra vez se quedaron dormidos, mientras Él luchaba en oración, en total angustia. Solo.

Finalmente, Jesús se acercó a ellos y les dijo "Levantaos, vamos".

Hablando de sentir como que has decepcionado a Jesús, que lo has defraudado de verdad, Chambers escribe:

> En el huerto de Getsemaní, los discípulos se fueron a dormir cuando debieron haberse quedado despiertos, y una vez que comprendieron lo que habían hecho, se sintieron desesperados. El sentimiento de haber hecho algo que no se puede enmendar tiende a desesperarnos y decimos: "Bueno, ya no hay nada que hacer, es inútil intentarlo de nuevo". Si pensamos que esta clase de desesperación es excepcional, estamos equivocados. Se trata de una experiencia muy común del ser humano. Siempre que nos damos cuenta de que hemos desaprovechado una magnífica oportunidad, fácilmente nos hundimos en la desesperación.
>
> Sin embargo, Jesús se acerca a nosotros y nos dice con amor: "Duerme ya. Ya has perdido para siempre esa oportunidad y eso no lo puedes cambiar. Pero, levántate y hagamos lo que sigue". En otras palabras, deja que el pasado duerma, pero que repose en el dulce

> abrazo de Cristo. Y continuemos hacia ese inexorable futuro con Él.
>
> En las vidas de cada uno de nosotros se presentan experiencias similares. Vamos a sufrir períodos de desesperación causados por situaciones reales y no podremos salir de ellos. En este caso, los discípulos habían hecho algo completamente inexcusable: Se durmieron en lugar de velar con Jesús. Pero nuestro Señor, tomando la iniciativa espiritual en contra de su desesperación, se les acercó y les dijo: "Levántense y hagan lo que sigue". Si somos inspirados por Dios, ¿qué es lo siguiente? Confiar totalmente en Él y orar partiendo del fundamento de su redención.
>
> Nunca permitas que el sentimiento de haber fracasado eche a perder tus acciones futuras.[5]

Suéltalo. Jesús lo hace. Nunca serás una decepción para él.

Dios te ama incondicionalmente tal como eres, no como deberías ser, porque nadie es como debería ser.

Max Lucado

5. Oswald Chambers, "La iniciativa contra la desesperación" en *En pos de lo supremo,* edición actualizada (Barcelona: Editorial Clie, 2007), 18 de febrero.

Estudio bíblico

1. Dedica unos minutos a reflexionar en las normas y expectativas que tienes para ti y para otros. Haz una lista (o varias, si es necesario, de lo que esperas de ti misma, lo que sientes que otros esperan de ti, lo que tú esperas de tus seres queridos: tu familia y tus amistades). Después lee detenidamente y en oración la(s) lista(s). Pídele a Dios que te muestre lo siguiente:

¿De dónde proceden esas normas y expectativas?

¿Son razonables? ¿Son realistas? (¡Dos preguntas totalmente diferentes!)

¿Cómo respondo cuando no las cumplo?

¿Qué me indica esto?

2. Lee Lucas 10:38-42. Puede resultarte muy familiar, pero trata de leerlo con una nueva perspectiva. ¿Qué te está diciendo Jesús? Exprésalo con tus propias palabras.

Existen otros muchos versículos que hablan de las prioridades y de "una cosa" necesaria. No es la misma para todos. Jesús tenía cosas diferentes que decirles a los fariseos, por ejemplo, al joven rico o a sus discípulos. Depende de quiénes seamos, cuáles sean nuestras fortalezas y debilidades, nuestras batallas, nuestras circunstancias presentes. Pero siempre comienza y termina honrando a Dios. Obedeciendo a Dios.

Pasa un tiempo en oración y pídele a Dios que te revele lo que quiere de ti, qué normas o expectativas tuyas lo honran, qué sueños, esperanzas o metas deberías mantener al seguir adelante. Y cuáles necesitas soltar.

3. Busca Isaías 40:28-31. Cuando te sientes preocupada, desanimada o agobiada, ¿qué promete Dios?

4. Elige uno de los siguientes versículos (o uno mencionado en este capítulo), memorízalo y medita en él durante la semana:

Salmos 46:1	Salmos 29:11
2 Pedro 1:5-8	Colosenses 2:6-8
Salmos 46:10	2 Corintios 4:16-18
Santiago 1:2-3	Efesios 3:20

5. Anota en tu diario cualquier otro pensamiento o reflexión.

Capítulo cuatro

Aférrate a la libertad

Mi misión en la vida no es la mera supervivencia,
sino desarrollarme, y hacerlo con un poco
de pasión, compasión, humor y estilo.

Maya Angelou

Últimamente, en mi corazón ha resonado un tema recurrente, un estribillo continuo. A veces es imperceptible. Es como una música de fondo, que sin darme cuenta tarareo de vez en cuando. Otras veces irrumpe en mis pensamientos, estalla en mis oídos, ahoga el sonido de todo lo demás.

Empezó cuando estaba trabajando en mi libro *Enfrenta tus temores.* Me percaté de que estaba regresando mentalmente a algunos momentos muy oscuros... recuerdos dolorosos de mi niñez y primeros años de mi adolescencia. A decir verdad, me había olvidado de lo oscuros y dolorosos que habían sido esos momentos, porque hoy mi vida es muy diferente. Lloré al escribir la palabra que espero sirva de aliento a las numerosas mujeres que luchan con la preocupación y el temor: *libertad.*

Hay libertad. Soy libre. Tú puedes ser libre.

Gracias a Jesús, no soy la mujer que solía ser. Me estoy convirtiendo en la mujer que Dios destinó que fuera.

Semanas después de entregar el manuscrito, llegó uno de esos "importantes" cumpleaños... uno difícil para muchas mujeres. Podría haberlo sido también para mí. Podría haberme pasado el día reflexionando en todo lo que no había resultado como esperaba, en los sueños que no se materializaron, lo que no había logrado u obtenido. Todas esas grandes expectativas que habían dado lugar a la decepción, el desaliento y la derrota. (Créelo o no, así "celebré" mi cumpleaños número dieciocho. De veras. Ojalá fuera una broma).

En cambio, me sorprendí gozando de una nueva visión, un nuevo entusiasmo por la siguiente etapa de mi vida y ministerio... una sensación de anticipación. ¡No puedo esperar para ver lo que Dios va a hacer!

¡Libre! ¡Libre! Soy libre...

"Donde está el Espíritu del Señor, allí hay libertad" (2 Co. 3:17).

Este regalo inesperado ha acompañado cada año, desde entonces. Soy libre de la angustia que caracterizó gran parte de mi adolescencia y de los primeros años, tras cumplir los veinte. Soy libre (mayormente) de la presión que sentía durante los años previos a cumplir treinta y durante gran parte de esa década: la presión de demostrar cuánto valgo, de prosperar en mi profesión, mi ministerio o mi vida personal y lograr lo que todos definen como éxito. Sé quién soy ahora. Cada vez me siento más cómoda con quien soy. No es autosatisfacción, sino contentamiento. Segura de mi llamado. Libre.

No es que no siga teniendo ningún tipo de estrés, presión,

drama y trauma. Mi vida está llena de todo eso. Forma parte de la condición humana. Sin embargo, bajo todo ello encuentro esta corriente, este caudal que brota en un ruidoso, burbujeante, incontenible manantial de gozo: *¡Soy libre!*

Por Jesús, soy libre.

Todavía soy una obra en proceso, pero estoy aprendiendo día a día. Voy creciendo en su gracia. En Juan 8:31-32, Jesús dijo que si creemos en Él y permanecemos en Él, si somos fieles a su Palabra, conoceremos la verdad y la verdad nos hará libres.

Después dijo: "Yo soy... la verdad" (Jn. 14:6).

Aunque nunca he sido buena en matemáticas, puedo entender esta asombrosa ecuación que nos cambia la vida: conocer a Jesús = conocer la verdad = conocer la libertad.

Creo de todo corazón que esto es algo que toda mujer debería saber.

Aprender a caminar en la verdad y en la libertad es un proceso. Y lleva tiempo. Pero seguimos aprendiendo, creciendo, avanzando y, finalmente, encontramos nuestro camino. En este capítulo, quiero compartir lo que he aprendido sobre cómo aferrarnos a la libertad que se deriva de conocer a Jesús; sobre todo la libertad de las normas imposibles y las expectativas poco realistas que tratamos en el capítulo tres.

Recuerda quién eres. Recuerda el designio de Dios para tu vida. (Si todavía no sabes quién eres, ¡averígualo! Aparta un tiempo para pensar y orar por esto). Aférrate a las cosas que te hacen única, individual y auténtica. Tu personalidad y temperamento, tus habilidades especiales, tus dones espirituales y los talentos naturales, tu trasfondo y tus experiencias, tus fortalezas y debilidades, todo lo que conforma tu identidad. Gózate en la verdad de ser una "obra maestra de Dios" (Ef. 2:10, NTV). Encuentra tu confianza en Él (Sal. 71:5; Jer. 17:7; 2 Co. 3:4-5).

Revisa en oración todas esas normas y expectativas que hay en tu vida—los objetivos, las esperanzas y los sueños— para que se ajusten más a la mujer que eres, esa que Dios diseñó. Enfócate en llegar a ser una mejor versión de ti misma... en este momento, en esta etapa de tu vida. No pierdas más tiempo deseando, simulando ser otra persona, o intentando parecer otra. Tampoco dejes que te presionen.

Mientras escribía este libro, Disney presentó dos nuevas princesas —Anna y Elsa de la película *Frozen: Una aventura congelada*— y la canción ganadora de un premio de la Academia que tomó al mundo por sorpresa: "Libre soy" [en España "Suéltalo"]. ¡Eso sí es una serendipia! (La palabra favorita de mi abuela). ¡Pequeñas niñas de todas partes empezaron a cantar la canción a toda voz, día y noche! Inmediatamente, algunos padres cristianos expresaron preocupación por el párrafo que incluye la línea: "Ni mal, ni bien, ni obedecer jamás".[1] Puesto que hay valores morales absolutos, existe el mal y el bien; existe el pecado y nuestra necesidad desesperada de un Salvador.

Sin embargo, creo que como adultas podemos apreciar mejor el contexto de la canción y el concepto de que hay cosas que nos parecen "bien" o "mal", cuando en realidad no lo son. Por ejemplo, podríamos sentirnos "mal" porque nuestra

1. Robert Lopez y Kristen Anderson-Lopez, "Let It Go," interpretada por Idina Menzel, Walt Disney Records, 2013. En Latinoamérica: "Libre soy", interpretada por Martina Stoessel. En España: "Suéltalo", interpretada por Gisela.

personalidad es diferente o nuestros dones y talentos son distintos. No encajamos, no somos como las demás. Pero Jesús nos hizo libres de los concursos de popularidad, de la necesidad de agradar a las personas y de la presión social, incluso entre adultas. De modo que podemos soltarlo y sentirnos libres de ser las mujeres que Él pretendió que fuéramos.

Identifica tus verdaderas prioridades. ¿Qué te ha llamado a hacer Dios en este momento? ¿Cuáles son tus relaciones más importantes? ¿Responsabilidades? ¿Ministerios? ¿Tareas o proyectos? ¿Cuáles son las cosas que de verdad tienes que hacer? ¿Necesitas hacer? ¿Quieres hacer? ¿Cuáles son las cosas que solo tú puedes hacer? ¿Cuáles son las más significativas, gratificantes y satisfactorias para ti? ¿En qué etapa de la vida te encuentras?

Es importante saber la respuesta a estas preguntas, porque te ayudarán a determinar qué hacer con el tiempo que Dios te ha dado, con tu vida, tu tiempo, tu energía. Cada cosa que pones en tu plato va dejando menos espacio para otra, así que escoge con sabiduría.

No digas que sí por hábito, culpa u obligación. Primero pregúntale a Dios si hay algo que Él quiere que hagas. Y practica cómo decir que no —sin ofrecer excusas o explicaciones que te expongan a discusiones o a la coerción. Es preferible limitarse a decir: "Lo lamento, tengo otro compromiso". (Mi compromiso consiste en ser fiel al llamado de Dios sobre mi vida, a obedecerle, a no asumir tan solo las responsabilidades que Él me pide que asuma, y así tener tiempo para las relaciones y el ministerio que Él me ha dado, y para reposar y tener comunión con Él).

Aprende a establecer objetivos más provechosos, razonables y factibles. Identifica los objetivos que realmente serán beneficiosos para ti, los que formen parte de la voluntad de Dios: su plan y su propósito para ti. Y aprende a subdividirlos en metas o pasos más pequeños, prácticos y viables. (Ya sabes cómo se come un elefante, ¿verdad? Un bocado tras otro). No se trata necesariamente de "rebajar" tus normas o expectativas, sino de adaptarlas y ajustarlas. Al principio se prueba y se cometen errores. Encontrar el equilibrio lleva su tiempo. Necesitarás averiguar qué te funciona a ti... y lo que te funciona en este momento, en esta etapa de tu vida. Tal vez algo de estructura y organización sería útil; por otro lado, quizás necesites más libertad, creatividad y flexibilidad. Habla con una amiga de confianza o con un miembro de tu familia, una mentora piadosa o alguien que te supervise, que pueda darte buenos consejos y otra perspectiva. Por encima de todo, cubre todo el proceso en oración.

> *Las decisiones más sabias se toman siguiendo tres pasos. Escucha tu corazón. Usa la cabeza. Pero, lo más importante es que sigas las directrices del Espíritu Santo.*
>
> Georgia Shaffer

Comprende que Dios te pide fidelidad, y no excelencia, en todo lo que te ha llamado a hacer (1 Co. 4:2; Gá. 5:22; 1 P. 4:10). Insisto: fidelidad, no excelencia. Esto es lo que significa hacer algo "como para el Señor". Si lo piensas, sabrás que no es físicamente posible hacer todo lo que haces cada día "con excelencia", ni siquiera lo mejor posible, todo el tiempo. Tampoco deberías. Algunas cosas no son tan importantes como para prestarles más que una mínima cantidad de tu tiempo y esfuerzo. Y es que, insisto, solo puedes hacer una cierta cantidad de cosas. Si quieres caminar en libertad, tienes que tomar algunas decisiones. Has de establecer algunas prioridades en función de quién eres, en qué etapa de la vida te encuentras y qué relaciones, responsabilidades y ministerios Dios te ha dado. Sé fiel a toda costa. Y, por supuesto, sé responsable. Pero da lo mejor de ti solo a lo importante: lo mejor de tu tiempo, de tus talentos, de tu energía y de tu esfuerzo. En cuanto a las demás cosas, haz solo lo mejor posible con el tiempo y la energía que te queden.

Resiste al pensamiento de todo o nada. Este es el punto más difícil para mí. Mi bisabuela solía cantarme: "Había una niñita que tenía un pequeño rizo en medio de la frente, ¡y cuando ella era buena, era muy, muy buena, y cuando era mala, era terrible!". Esto lo resume. Sigo esforzándome en recuperarme o recobrarme más rápido cuando siento que me equivoqué. Me recuerdo a mí misma que mi día —o mi dieta— no se ha estropeado por una equivocación. O dos o diez. Que no hay razón para rendirme y tirar la toalla. No, si estoy tratando de hacer lo que Dios me ha llamado a hacer. No, si es importante, si es un objetivo o un sueño, un privilegio o una responsabilidad que viene de Él. Un error no es motivo para ceder al desaliento o a la derrota, y menos aún para ceder a la tentación y al pecado.

El hecho de no poder hacer todo lo que quiero o planeo

hacer —solo porque no pueda alcanzar la perfección o hacerlo según lo programado— no significa que no debiera hacerlo en absoluto. No quiere decir que no debería hacer *algo*. En mi refrigerador tengo un imán de First Place 4 Health, que dice: "A la hora de hacer ejercicio, algo es mejor que nada, y más es mejor que menos". Esto es aplicable a muchas cosas: en mi vida devocional y mis disciplinas espirituales, así como en mis grandes proyectos, objetivos a largo plazo y tareas diarias.

La vida no tiene que ser perfecta para ser maravillosa.

Annette Funicello

Celebra tus fracasos así como tus éxitos. Considéralos como experiencias enriquecedoras. La oportunidad de obtener una valiosa comprensión de lo que funciona para ti y lo que no, así como de las debilidades a corregir, los ámbitos susceptibles de crecimiento y mejora. Es muy cierto: la mayoría de nosotras aprendemos mucho más de nuestros errores, que de nuestros aciertos. Y lo que aprendemos no solo nos beneficia a nosotras, sino también a las que vengan después que nosotras... aquellas que Dios nos ha enviado para aconsejarlas y ministrarles. Todas cometemos errores; lo que marca la diferencia es tu forma de responder ante esos errores.

Parte del problema es la manera en que definimos lo que constituye el "fracaso" y el "éxito". Si alguna vez has formado parte de un programa de pérdida de peso organizado, habrás escuchado la frase "no midas tu éxito por las cifras de la balanza". Aprende a mirar más allá de lo que indica, y reconoce el crecimiento que se refleja en la toma de buenas decisiones, en manifestar actitudes y comportamientos positivos. Aprende a medir el progreso de diversas maneras. Es un principio que podemos —y deberíamos— aplicar a otros muchos ámbitos de nuestra vida.

No te olvides de la historia de la mujer que Dios mandó a empujar una enorme roca que bloqueaba el viejo camino de tierra. Día tras día, de la mañana al atardecer, ella la empujaba con todas sus fuerzas, pero la roca era demasiado grande. Nunca se movió. Ni un solo milímetro. Aun así, ella la seguía empujando —sin señal alguna de progreso (y mucho menos de éxito)— hasta que Dios regresó y ella cayó a sus pies en un mar de lágrimas.

—He estado empujando y empujando la roca tanto como pude —dijo entre lágrimas—, ¡pero no la pude mover! ¡Te he fallado!

—No me has fallado —respondió Dios—. Yo no te pedí que movieras la roca. Solo te pedí que la empujaras. Quería que desarrollaras la fuerza, la disciplina, la determinación y la resistencia necesarias para la tarea que te voy a encomendar. ¡Y lo hiciste!

Cuidado con lo que pienses y digas de ti. Una cosa es admitir claramente tus fracasos y errores, ser genuina y sincera sobre tus defectos y confesar humildemente tus pecados, y otra bien distinta es criticarte, reprocharte, rebajarte o insultarte. Jesús no actúa así contigo y tú tampoco debes hacerlo. No es beneficioso ni sano, ni productivo. Y la mayor parte del tiempo, las cosas que piensas de ti no son verdad.

Me he dado cuenta de que ni siquiera es una buena idea

decir: "Hoy he sido buena" o (alternativamente): "Hoy he sido mala". Porque quien soy queda determinado por mi relación con Jesús, no por las decisiones que tome durante el día, y porque esa clase de pensamiento —emitir un juicio sobre mí (de una manera u otra)— no me beneficia de ninguna manera. Es mejor decir: "Hoy tomé buenas decisiones" u "Hoy tomé malas decisiones", porque eso pone el énfasis en algo que está bajo mi control —mis decisiones— y no en mi naturaleza. Mejor todavía es usar palabras como "saludables/poco saludables" o "sabias/poco sabias", porque me recuerda la importancia de mis decisiones y la motivación que hay tras ellas.

Sigue el ejemplo del salmista (Sal. 42:5; 62:5; 103:2). Reemplaza tu voz interior negativa por palabras de verdad y gracia, esperanza y fe. Desde luego, ¡comienza con las Escrituras! Pero también encontrarás muchas frases y afirmaciones basadas en las Escrituras que pueden ayudarte a recordar la Verdad y a practicarla en tu vida diaria. Aquí hay algo que escribí para mí, con la combinación de palabras y frases de diferentes versículos de la Biblia, y las que Dios ha estado hablando a mi corazón durante los últimos años. Las tengo en mi diario personal y las leo de vez en cuando, cada vez que siento que estoy perdiendo de vista el objeto de este proceso y cuál es su fin.

Me estoy convirtiendo en una mujer
de valentía, poder y dominio propio.
Una mujer de diligencia, sabiduría y discernimiento.
Una mujer de compasión, belleza —verdadera belleza—,
la belleza en el incorruptible ornato
de un espíritu afable y apacible.
Una mujer que ama mucho,

porque se le ha perdonado mucho.
Una mujer de valor, que no huye de la guerra,
sino que corre hacia ella sin temor,
incansable y con determinación
—mediante su obediencia— para derrotar al enemigo
y obtener la victoria para ella y los suyos,
para la gloria de Dios y su reino eterno.

Estas frases me ayudan a concentrarme en la Verdad, en mi libertad y no en mis sentimientos.

Recuerda a quién perteneces. Cuando te sientes agobiada, estresada, ansiosa e irritable por todo lo que tienes que hacer, esperas hacer, lo que parece imposible de hacer —bien o de la forma correcta— detente, revisa tu lista de tareas, y hazte las siguientes preguntas:

¿Por qué hago esto?
¿A quién intento agradar?
¿Qué pretendo demostrar?

Recuerda que cuando sales al escenario de la vida, estás actuando ante una audiencia de Uno (Gá. 1:10): tu Abba Padre.

Él te creó, te amó, te llamó y te escogió. Él tiene un plan y un propósito para ti, y solo estos cuentan. Su opinión sobre ti es la única que vale. Solo importa su aprobación y la de nadie más.

Él es Aquel delante de quien estarás cuando por fin se cierre el telón, a quien rendirás cuenta. Él es tu Juez y nadie más.

"Cristo en verdad nos ha liberado. Ahora asegúrense de permanecer libres..." (Gá. 5:1, NTV).

Suelta las normas absurdas y las expectativas poco realistas que tienes en tu vida. Suelta las que otros tratan de imponerte dándose o no cuenta de lo que hacen, con buenas intenciones o no, crean estar hablando de parte de Jesús o no.

Él puede expresarse por sí mismo, y tú tienes la plena capacidad de escucharlo por ti misma (Jn. 10:1-4). Por tanto, escucha su voz. Y haz lo que Él te diga. Vive tu vida para amarlo, honrarlo y complacerlo. Y un día, le escucharás decir: "Bien hecho" (Mt. 25:21, NTV).

Vivo para una audiencia de Uno. Ante los demás no tengo nada que demostrar, nada que ganar, nada que perder.

Os Guinness

Estudio bíblico

1. La Biblia está llena de historias de mujeres que vivieron para una "audiencia de Uno" —mujeres que hicieron lo correcto, lo que Dios las llamó a hacer, aquello para lo que Dios las creó— sin importarles lo que pensaran los demás. Escoge algunas mujeres sobre las cuales leer y pídele a Dios que te enseñe algo de sus ejemplos.

Sifra y Fúa (Éx. 1:15-21)
María (Éx. 2:1-10)
Débora (Jue. 4—5)
Rut (El libro de Rut)
La joven criada (2 R. 5:1-3)
Ester (El libro de Ester)
María (Lc. 1:26-38)
La mujer sirofenicia (Mr. 7:24-30)
Jocabed (Éx. 2:1-10; He. 11:23)
Las hijas de Zelofehad (Nm. 27:1-11)
Jael (Jue. 4:17-21)
Abigail (1 S. 25)
Josabet (2 Cr. 22:10-12)
Elisabet (Lc. 1:39-45, 57-59)
Las mujeres discípulas (Lc. 8:1-3)
Las mujeres al pie de la cruz (Mt. 27:55; Mr. 15:41; Lc. 23:49)

2. ¿Se te ocurren otros ejemplos? ¿Mujeres de la historia o de la actualidad? ¿Mujeres que aparecen en las noticias o en tu propia vida, cuyas historias y ejemplos te inspiran? ¿Qué parte de ellas te habla específicamente?

3. Sería bueno que idearas un tablón de motivación —un poster, un diario o un álbum de recortes (o incluso un tablón en Pinterest) donde recopiles versículos bíblicos, citas, dichos y conceptos que te hablen— con cosas que te recuerden que debes aceptar todo lo que te identifica de manera única, que reflejan quién eres de verdad y lo que Dios te ha llamado a hacer; cosas que te reten, te motiven y te inspiren.

4. Busca cada una de las afirmaciones o declaraciones de los versículos siguientes. Cópialas en el espacio disponible o escríbelas con tus propias palabras.

Salmos 73:26
Salmos 119:32
Salmos 139:14
Cantares 2:16a
Gálatas 2:20
Gálatas 5:1
Filipenses 3:12
Filipenses 3:13-14

5. Trata de anotar tus propias afirmaciones, declaraciones, tu definición de libertad: cómo es para ti.

6. Elige uno de los versículos anteriores (o uno mencionado en este capítulo), memorízalo y medita en él durante la semana:

7. Anota en tu diario cualquier otro pensamiento o reflexión.

Capítulo cinco

Deja atrás el dolor, la amargura y la falta de perdón

Es difícil tratar bien a alguien cuando tu corazón no está bien. Aun las personas que intentas amar podrían sufrir a causa de tu amargura, resentimiento y falta de perdón.

Joyce Meyer

Un viernes por la mañana —hace varios años— llevé a los alumnos de mi clase de tercer grado a la capilla, para celebrar nuestro servicio semanal, junto a otros doscientos alumnos de la escuela primaria. Mientras nos dirigíamos a nuestro banco asignado, observé que mi amiga Dixie —una de las maestras del jardín de infantes— subía a la plataforma. Le tocaba dar la palabra esa semana.

Después de la presentación, las oraciones y animadas canciones de alabanza, los niños guardaron silencio y Dixie empezó a contar una historia sobre su hija adolescente y una mochila muy pesada... *demasiado* pesada. Con palabras que aun los niños más pequeños podían entender, nos explicó que la columna vertebral no está diseñada para cargar tanto peso y que le había aconsejado a su hija que dejara algunos libros en su taquilla o en casa, en vez de llevarlos todos. Dixie demostró cuánto pesaba alzando la mochila y, a continuación, a uno de sus alumnos. ¡Saltaba a la vista que la mochila pesaba más! Hubo algunas risas, pero cesaron cuando todos nos enteramos de que la hija de Dixie sufría una grave lesión de espalda, y se enfrentaba a la posibilidad de una intervención quirúrgica más varios años de fisioterapia.

Como todos los niños tenían mochila, Dixie atrajo su atención y la de todas las maestras y madres que pasaban por allí. Fue entonces que nos habló de otro tipo de mochila que todos cargábamos, una invisible, y cómo a veces era mucho más peligrosa.

Dixie comentó que lo había visto entre los niños de su propia clase. A lo largo del día sucedían cosas que los lastimaba, les molestaba y se enojaban o se ofendían. Ellos iban guardando estos sentimientos en la mochila. (En ese momento, le pidió a uno de sus alumnos que subiera a la plataforma con una mochila vacía y se quedara junto a ella. Mientras daba algunos ejemplos de agravios y ofensas para que los niños pudieran identificarse, iba poniendo varios objetos en la mochila. ¡A medida que el peso iba aumentando, el diminuto alumno del jardín de infantes luchaba para mantenerse derecho!).

Entonces, Dixie dijo que había notado algo más. Cuando la mochila se llenaba demasiado, más tarde en el día o quizás al día siguiente, el niño que la cargaba sacaba algo de ella ¡y lo usaba para agredir a otro! Podían atacar a otro que los hubiera agredido primero, pero también podría tratarse de alguien totalmente inocente. Ella se había dado cuenta de que ese mal comportamiento podía parecer un hecho aislado, inesperado o incluso atípico. Pero no lo era. En lugar de afrontar el agravio en cuanto sucedía, lo guardaban y cargaban con él hasta no poder con el peso. Entonces agredían a otro, que ahora tendría algo más que añadir a su propia mochila.

Fue la ilustración sencilla, pero profunda, de una verdad fundamental: el peso de la falta de perdón es nocivo; el dolor y la devastación que causa no solo amenaza con destruirnos a nosotras, sino a todos los que nos rodean.

Las personas heridas hieren.

Como personas adultas lo vemos todos los días. En las noticias nacionales, en nuestras iglesias y comunidades locales, entre nuestras amistades y familiares. En nuestro propio corazón. De alguna manera, tenemos que encontrar la forma de soltar todo esto, el dolor, el agravio, el enojo, la amargura, el resentimiento y la falta de perdón. Y aprender a perdonar.

Perdonar las humillaciones, los desprecios, los desaires y los malentendidos. Perdonar a quienes nos han hecho sentir personas no gratas, no valoradas, no deseadas o no amadas. Perdonar a los que han sido impacientes, descuidados o negligentes, desconsiderados, egoístas, crueles o insensibles. Perdonar el rechazo, el abandono, el abuso y la desatención. Perdonar las mentiras, el engaño, la manipulación, la alevosía y la traición.

Perdonar, porque Jesús lo dijo. Y si no nos parece razón suficiente, perdonemos porque no hacerlo nos está matando. Cuando sus discípulos le pidieron que les enseñara a orar,

Jesús les indicó que pidieran: "y perdónanos nuestros pecados, así como nosotros perdonamos a los que pecan contra nosotros" (Lc. 11:4, NTV). Además, les explicó: "Porque si perdonáis a los hombres sus ofensas, os perdonará también a vosotros vuestro Padre celestial; mas si no perdonáis a los hombres sus ofensas, tampoco vuestro Padre os perdonará vuestras ofensas" (Mt. 6:14-15).

Una y otra vez aclaró que la cuestión no radica en las veces que alguien peca contra nosotros, lo arrepentido que esté o si no lo está en absoluto, o si sus pecados son comparables a los nuestros. Todos somos pecadores; necesitamos con urgencia la misericordia de Dios, su perdón y su gracia. Este es el mensaje. Es lo que Él nos quiere decir. Él perdona nuestros pecados, si nosotras perdonamos las ofensas de los demás.

Francamente, algunas cosas son más fáciles de perdonar que otras. Por ejemplo, cuando sabemos que el daño causado o el pecado cometido contra nosotras no fue intencional —sino accidental— o en cierto modo nos resulta comprensible. Cuando podemos ver que la otra persona está genuinamente arrepentida. A veces se perdona mejor las cosas pequeñas, aunque, por otro lado, estas suelen ser las que nos carcomen por dentro.

No es que importe qué resulta más fácil y qué no. Dios pide que lo perdonemos todo.

Si lo piensas, negarte a perdonar rara vez perjudica a la otra persona. La mitad de las veces ni siquiera sabe que nos ha ofendido y, si lo sabe, se siente justificada; por tanto, no cree necesitar nuestro perdón. Aunque le importe, aun estando realmente arrepentida, si no estamos convencidas de ello —o no creemos en su arrepentimiento— o de que merezca ser perdonada, nuestra falta de perdón nos hace daño más a nosotras que a ella.

Como alguien dijo una vez, aferrarse a la falta de perdón es como beber veneno y esperar que la otra persona muera.

La falta de perdón es absolutamente tóxica. Nos daña física, emocional y espiritualmente.

¡Las investigaciones han revelado que esto es peor para tu salud que el cigarrillo! Pone en peligro tu sistema inmunológico, causa hipertensión, infartos, enfermedades cardíacas, cefaleas tensionales, bruxismo y dolor mandibular y agrava una serie de otras condiciones médicas. Provoca envejecimiento prematuro. (¡Esta razón debería llevarte a hacer una pausa!).

La falta de perdón te roba la paz, el gozo, la capacidad de encontrar sentido y satisfacción en tus relaciones y en tu vida diaria. Además, atrofia por completo tu crecimiento espiritual. Es un estorbo considerable *—enorme—* para tu vida de oración. (Esa distancia que sientes entre tú y Dios no solo está en tu cabeza. Lee Marcos 11:25).

Y se propaga como el cáncer, de ti a tu familia, a tu familia de la fe y a tus amistades, y hasta las familias y amistades de estas.

> Mirad bien, no sea que alguno deje de alcanzar la gracia de Dios; que brotando alguna raíz de amargura, os estorbe, y por ella muchos sean contaminados (He. 12:15).

Por esta razón Dios es tan contundente, tan insistente con esto. Quiere que estemos bien. Que estemos sanas. Que seamos libres. El perdón es la única manera.

Ser cristiano es perdonar lo inexcusable,
porque Dios ha perdonado lo inexcusable en ti.
C. S. Lewis

En mi opinión, resulta útil comprender qué es el perdón y qué no es.

El perdón no es un sentimiento ni una emoción.

Perdonar no es ignorar las ofensas que nos han hecho; hacer como que nunca se produjeron, que no nos agraviaron, y barrerlas escondiéndolas bajo la alfombra. No consiste en minimizar, racionalizar, justificar, excusar o encontrarle una explicación al comportamiento pecaminoso.

Perdonar a alguien no significa necesariamente evitar que experimente las consecuencias, excusarlo o eximirlo de las repercusiones naturales de su comportamiento. (¿De qué otra manera aprenderían de sus errores?).

Perdonar a alguien no significa necesariamente reconciliarse con esa persona y restaurar la relación. Esto podría ser peligroso o poco sabio, sobre todo si la persona no está arrepentida, o si dice estarlo pero sus actos no reflejan un verdadero cambio de corazón. ("El prudente ve el peligro y lo evita", Pr. 27:12).

Es importante comprender la diferencia entre perdón y confianza. Puedes escoger perdonar a alguien de verdad por una ofensa del pasado, sin confiar necesariamente en que se comportará de otra manera en el futuro. Esto no es ser desconfiada, sino sabia. Es conocer la debilidad de la naturaleza humana, al enemigo de nuestra alma y su capacidad de manipular y sacar provecho de dicha naturaleza. La confianza es algo que podría, o no, venir con el tiempo.

También es importante observar que cuando la Biblia habla de poner la otra mejilla, significa no "devolver mal por mal". No vengarse, no ser mala, rencorosa y vengativa en respuesta a lo que otros nos han hecho, sino mostrar su misericordia y su gracia, y en algunos casos dejar lugar "a la ira de Dios"... dejar que Él juzgue (ver 1 P. 3:9, 1 P. 2:21-23 y Ro. 12:19).

No significa colocarse voluntariamente en el papel de víctima cuando hay otras opciones. El llamado a "soportar con paciencia el sufrimiento" se refiere al sufrimiento que escapa a nuestro control, a circunstancias inevitables. No tiene que ver con permitir y animar a otros que pequen continuamente contra nosotras. Las Escrituras establecen claramente la necesidad de confrontar con firmeza y amor el comportamiento pecaminoso (no someternos a él), para que al menos haya una posibilidad de arrepentimiento, perdón y reconciliación (ver Mt. 18:15-17, Lc. 17:3 y Ef. 4:15).

Ahora veamos qué es el perdón.

El perdón es una decisión. Una elección.

Es la decisión de soltar el dolor, el enojo, la amargura y el resentimiento, independientemente de lo que haya hecho la otra persona, de que merezca el perdón, que esté realmente arrepentida, que se disculpe o no, que la creamos o no, que pida perdón, si es que lo hace en algún momento.

El perdón es también un proceso. Un trayecto. Se produce con el tiempo, conforme nos ocupamos gradualmente y en oración de todos nuestros resquemores, y escogemos perdonar sin cesar cada vez que vuelvan a aflorar.

Perdonar es renunciar a nuestro derecho de venganza y dejar la justicia en manos de Dios (y en algunos casos al sistema gubernamental o legal). Confiar en que Él ve y sabe todas las cosas, y que hará justicia lo veamos o no en esta vida.

Perdonar es creer en la soberanía de Dios: que nada nos sucede sin pasar primero por sus manos de amor. Que, por alguna razón, Él permitió que ocurriera, que Él estaba con nosotras cuando pasó, y comparte nuestro sufrimiento y nuestro dolor. Que Él llora con nosotras, y nos acompaña en el proceso de sanidad, a través del largo camino hacia el perdón. Que Él tiene cosas extraordinarias que enseñarnos, regalos preciosos que darnos; que quiere hacer cosas asombrosas en nuestra vida y a través de nosotras, si se lo permitimos.

Él promete tomar las cosas más espantosas, horribles, mortificantes y terriblemente dolorosas que nos suceden —las heridas más profundas, las cicatrices más feas— y transformarlas en algo impresionante y hermoso.

Como menciona Nancy Leigh DeMoss, el perdón es también un acto de amor y devoción, un acto de adoración:

> ... más que una obligación, [el perdón] es un llamado de lo alto, una oportunidad para ser parte de algo eterno, para demostrar nuestra gratitud a Aquel que nos perdonó todo (y usted sabe lo que "todo" significa en su caso). Piense en esto como una ofrenda, un sacrificio, un regalo de amor para Dios... solo para Él. Si Dios le añade a la bendición que nuestro

> perdón sirva de ayuda para nosotros y para otros, entonces mucho mejor. Con todo, saber que Él se complace con esto y recibe alabanza, es una razón y una recompensa suficiente.[2]

Sin perdón, no hay futuro.

Desmond Tutu

Te ruego que no me malinterpretes: no digo que sea fácil perdonar. Claro que no lo es. No obstante, cada vez que siento la tentación de decirle a Dios que es demasiado difícil —la ofensa es demasiado grande, la herida demasiado profunda—, recuerdo la historia de Corrie ten Boom. (Mencioné a Corrie en el capítulo dos). Corrie y su hermana Betsie eran cristianas y fueron arrestadas por esconder a judíos en su hogar, durante la ocupación nazi de Holanda. Las enviaron a un campo de concentración alemán, donde sufrieron dolores y tormentos realmente inenarrables.

Más tarde, Corrie fue liberada, y durante los años siguientes viajó por el mundo para dar testimonio de la gracia sustentadora de Dios. "¡No hay pozo tan profundo donde el amor de Dios no llegue!". Un día, después de hablar en la reunión de la iglesia, Corrie estuvo frente a frente con uno de sus antiguos guardias de la prisión. El hombre se había convertido y quería pedirle que lo perdonara por su crueldad en el campo

2. Nancy Leigh DeMoss, *Escoja perdonar: Su camino a la libertad* (Grand Rapids, MI: Editorial Portavoz, 2007), p. 198.

de concentración. En ese momento, todos los recuerdos horribles le volvieron a la mente con vívidos detalles.

"Me pareció que se me helaba la sangre —dijo Corrie después—. Me quedé allí, sin poder hacerlo. Betsie había muerto en ese lugar… ¿Podía ese hombre borrar su muerte lenta y terrible con solo pedirme perdón?".

Los segundos parecieron horas, mientras Corrie luchaba con lo más difícil que había tenido que hacer jamás. "Tenía que hacerlo", dijo. "Lo sabía. El mensaje del perdón de Dios tiene un requisito previo: perdonar a quienes nos han hecho daño. Jesús dice: 'Si no perdonáis a los hombres sus ofensas, tampoco vuestro Padre os perdonará vuestras ofensas (Mt. 6:14-15)'".

"Aun así, yo seguía allí, con aquella frialdad que me apretaba el corazón. Pero el perdón es un acto de la voluntad, y esta puede funcionar independientemente de la temperatura del corazón. En silencio oré: 'Jesús, ¡ayúdame! Puedo levantar la mano. Hasta ahí puedo llegar. Dame tú el sentimiento'".

De repente, el poder sanador de Dios inundó todo su ser. Con lágrimas en los ojos, Corrie gritó: "¡Te perdono, hermano… ¡Con todo mi corazón!". Corrie dijo al respecto: "¡Nunca había sentido el amor de Dios con tanta intensidad como en ese momento!".[3]

El mismo poder sanador que Corrie experimentó —el poder de Dios— está disponible para ti y para mí hoy. Muchísimas

---

3. Corrie ten Boom, *I'm Still Learning to Forgive* (Wheaton, IL: Good News, 1995), citado en Christin Ditchfield. *Mujer, descubre el impacto y el poder de tus palabras.* (Grand Rapids, MI: Editorial Portavoz, 2012), pp. 42-43.

otras mujeres lo han experimentado también. Por su gracia, han dejado atrás su dolor, su amargura y su falta de perdón. A cambio, han recibido libertad y sanidad.

¿Y tú?

Perdonar es liberar a un prisionero y descubrir que el prisionero eras tú.

Lewis B. Smedes

Estudio bíblico

1. ¿Qué has aprendido hasta ahora, en tu propia vida, sobre el perdón y la sanidad? ¿Has experimentado alguna vez el poder divino de Dios al perdonar a alguien que te ha hecho mucho daño? ¿Has sido alguna vez la receptora de esa clase de perdón por parte de otra persona? (¿O lo has visto en tu familia, en tu iglesia o en tu círculo de amigas?).

2. Lee Mateo 18:23-35. Esta enseñanza es la parábola del siervo malvado. ¿Qué hizo para que Jesús lo describiera como "malvado"? (v. 32).

¿Por qué relata Jesús esta historia? ¿Qué quería hacernos entender? (v. 35).

3. Lee Colosenses 3:12-13. ¿Qué palabras deberían describir a las mujeres que aman a Jesús? ¿Cómo debemos relacionarnos unos con otros: en nuestros hogares, en nuestras familias, en nuestras escuelas, en nuestros lugares de trabajo, en nuestras iglesias y en nuestras comunidades?

4. Elige uno de los siguientes versículos (o uno mencionado en este capítulo), memorízalo y medita en él durante la semana:

Salmos 19:12
1 Juan 2:9
Salmos 32:1
1 Juan 3:14
Salmos 79:9
Juan 13:35
Lucas 6:37
1 Corintios 13:4-7

5. Anota en tu diario cualquier otro pensamiento o reflexión.

Capítulo seis

Aférrate a la sanidad

Intentas ser un modelo de bondad, amor y perdón para todos los que te rodean, pues has recibido la bondad, el amor y el perdón de Dios a través de Cristo. Esto es el cristianismo.

Patricia Heaton

Una de las cosas que me encantan de Corrie ten Boom es su sinceridad y su transparencia. Durante los treinta años siguientes a su liberación del campo de concentración alemán, la pequeña mujer holandesa se dedicó de lleno al ministerio como escritora y conferencista de renombre internacional. En sus libros, Corrie siempre fue muy sincera sobre los retos a los que se enfrentó, los errores que cometió, los pecados más fuertes que ella.

Y, lo creas o no, la mujer famosa por perdonar a uno de los guardias de la prisión nazi que las había maltratado con crueldad a ella y a su hermana, seguía teniendo problemas para perdonar a otras personas.

> Desearía poder decir que, tras una larga y fructífera vida de viajes por todo el mundo, he

> aprendido a perdonar a todos mis enemigos. Desearía poder decir que los pensamientos de misericordia y caridad fluyen naturalmente de mí hacia los demás. Pero no es así. Si una cosa he aprendido desde que cumplí ochenta años, es que no puedo acumular buenos sentimientos y buenas actitudes, sino que busco otros nuevos cada día en Dios.[1]

Corrie escribió estas palabras cuando se recuperaba de una desagradable conversación con algunos que profesaban ser hermanos y hermanas en Cristo, un desacuerdo que acabó con palabras increíblemente duras hacia ella. Lo que más indignó a Corrie fue que, más adelante, cuando se topó con esas mismas personas en público, aunque nunca le habían pedido disculpas por lo ocurrido, actuaron como inocentes corderos... como si nada hubiera pasado entre ellos.

A Corrie no la engañaban. Los había perdonado, desde luego, pero sabía qué clase de personas eran en verdad. "Se olvidan de que lo tengo todo por escrito. Todavía conservo las cartas que me enviaron", le comentó a una amiga. Ella tenía pruebas.

La amiga de Corrie le contestó con delicadeza: "¿Pero tú no dices que Dios ha echado todos nuestros pecados al fondo del mar?". *¡Ay!* ¿Y qué me dices de 1 Corintios 13 (NTV): 'el amor... [no] lleva un registro de las ofensas recibidas'?".

Corrie cuenta que aquella noche no pudo dormir hasta quemar las cartas. Guardar pruebas del pecado de alguien

1. Corrie ten Boom con Jamie Buckingham, *Tramp for the Lord* (Grand Rapids, MI: Revell, 1974), pp. 272–276.

contra ella era lo mismo que mantener el rencor. Lo seguía recordando y reviviendo. Hasta que no lo soltó, no pudo ser libre de ello. No pudo recibir sanidad.

Aun a sus ochenta años, Corrie estaba aprendiendo a perdonar.

A esto me refiero cuando digo que es un proceso, un trayecto. Una batalla que peleamos y seguimos peleando.

Y es que vale la pena luchar por nuestra sanidad, por nuestra libertad.

La buena noticia es que no libramos solas esta batalla. Dios pelea con nosotras y por nosotras (Sal.18:30-34; Dt. 3:22, 20:4). Y, como señaló Corrie, Él ha prometido suplir todo lo que necesitamos (Fil. 4:19; 2 Co. 9:8; 2 P. 1:3). Eso incluye todo el amor, la misericordia, la gracia y el perdón que Él quiere que recibamos y también que los extendamos a otros.

"El sana a los quebrantados de corazón, y venda sus heridas" (Sal. 147:3).

Sé que todavía me falta mucho para soltar todo el dolor, la amargura y la falta de perdón. Pero he tenido muchas oportunidades para ponerlo en práctica. Por la gracia de Dios —y su fortaleza— he progresado bastante. A continuación te proporciono algunas estrategias que me están ayudando a luchar por mi sanidad y a aferrarme a ella.

Dios declara que debemos amar a nuestros enemigos. Es difícil hacerlo. Pero podemos empezar por decir la verdad.

—Viola Davis en el papel de Aibileen Clark en *The Help*

Sé sincera. Empieza por decirte la verdad a ti misma y a Jesús. Abre tu corazón. Di la verdad de lo sucedido y no lo dulcifiques; llama a las cosas por su nombre. Expresa cómo te sientes de verdad. Cómo te sientes *realmente*. Jesús no se va a espantar ni a horrorizar, te lo prometo. Él ya lo sabe. Pero hasta saberlo tú —hasta que seas sincera con Él y contigo misma— ni siquiera empezarás a sanar.

Es muy importante —cuando sea posible— que ores para saber con quién hablarlo. (Lo sé, lo sé, ¡a veces todo sucede muy rápido!). Pero cuando se produce un incidente, siempre que no sea un delito, un acto de maltrato, violencia o agresión, si solo es una discusión o un malentendido, por doloroso que sea, trata de mantenerlo entre Jesús, tú y la otra persona. Lo ideal es que ores por una rápida resolución, por la sanidad y el perdón entre ustedes; por ello, cuanto menos público se haga, mejor. Serán menos las probabilidades de que se extienda el veneno de la amargura y la falta de perdón a otras personas.

Sin embargo, si la situación es un poco más complicada, si las emociones están caldeadas, si no estás segura de lo que sucedió ni de qué pensar o hacer al respecto, te resultaría sumamente beneficioso hablarlo con una persona de confianza. Alguien que pueda ayudarte a determinar si estás viendo y pensando las cosas con claridad. Pero elige con sabiduría. Escoge a alguien que pueda escuchar sin juzgar a ninguna de las dos partes, que pueda mostrarte la Verdad, que no corra a contarles a otros lo que le has comentado. Alguien que quiera lo mejor de Dios para ti.

De hecho, podría ser una buena idea hablar con una consejera experimentada (ver pp. 219-227), en especial si necesitas a alguien objetivo, y no sabes con certeza si las personas que conoces lo son o si se trata de circunstancias especiales. Tal vez hayas sido víctima de un delito, sufrido maltrato o sobrevivido a alguna clase de trauma. Quizás no estés segura de haber experimentado una violación de la ley o una forma de agresión o maltrato; hasta podría haber otros dilemas morales o éticos. ¿Tienes la obligación de informar del incidente a las autoridades pertinentes? (¿Quiénes son las autoridades pertinentes?). ¿Y cuáles serían las repercusiones? Además de ayudarte a procesar tus sentimientos y emociones, una consejera profesional puede ayudarte a pensar bien todas estas cosas.

No obstante, en última instancia decide en oración y haz lo que Dios te muestre. Permanece en la Palabra, en la Verdad. Escucha al Espíritu Santo, la Voz de la Verdad. Él te hablará.

Estate preparada para que la batalla tenga lugar en varios frentes. De una vez por todas has decidido perdonar a alguien que ha pecado contra ti, así como Dios te ha perdonado en Cristo. En cierto modo, esto pone punto y final al asunto. Pero en otro sentido, ¡la batalla acaba de comenzar!

En primer lugar, tus *sentimientos* hacia esa persona podrían, o no, cambiar de la noche a la mañana. Quizás te sientas llena de un amor sobrenatural por ella, o no. Podrías empezar a sentir cierta piedad, misericordia o compasión, o no. Unos días podrías tener que luchar contra sentimientos de enojo, amargura, odio o indignación, ¡y debes hacerlo! Porque no quieres que esos sentimientos te contaminen. Que hayas perdonado o no de verdad no tiene nada que ver con tus sentimientos. No importa cómo te sientas hoy o mañana. Los sentimientos vienen y van. Sin embargo, el perdón no es un sentimiento, es una decisión. Y, de hecho, el amor también lo es. Decides perdonar y decides amar, y esto significa que eliges ver a la otra persona como Jesús la ve, como Él te ve a ti. Y decides tratarla del modo en que Él lo haría con ella y contigo. En ocasiones tendrás que pelear contra ciertos sentimientos difíciles, contra algunos altibajos emocionales. Pero el perdón que has extendido a otros como acto de obediencia a Dios sigue siendo legítimo, a pesar de tu confusión interior.

Después tendrás *recuerdos* repentinos, y te costará no dejarte atrapar por el momento (o los momentos) una y otra vez. Cuando rememoras un doloroso incidente del pasado, no significa que no hayas perdonado de verdad al ofensor, sino que no padeces un daño cerebral. Y también, que tienes un enemigo al que le gusta usar tu cerebro con todas sus facultades y sus recuerdos intactos para atormentarte. Lo que cuenta es lo que hagas con los recuerdos cuando llegan, con qué rapidez decides cambiar el canal de tu cabeza. Cita un versículo de las Escrituras, canta una canción de adoración, pasa unos instantes en sincera oración por la persona o las personas implicadas, o por alguien o algo que nada tenga que ver con el tema. Cualquier cosa que pienses molestará más al enemigo de tu alma. (¡Recuerda, es la guerra!). Algunos recuerdos se desencadenan, claro está, por las consecuencias de los pecados de otros contra nosotras; y a veces tendremos que vivir con ellas a diario. No es fácil superar esa clase de dolor. Pero no estamos solas. Además, recordar el pasado o sentir el dolor del pasado no significa que hoy no lo hayamos perdonado.

Voy a ser sincera: el ámbito en el que he sido derrotada con mayor frecuencia es en la *persistencia de mis pensamientos.* Tiendo a pensar todo el tiempo en "argumentos a mi favor", en mi reivindicación, en recordar una y otra vez la historia para identificar exactamente lo que me hicieron y cómo me ofendieron, por qué me ofendieron, por qué fue tan injusto, sin motivo, tan impío, tan malo.

Sé que no solo me pasa a mí. Anne Graham Lotz reconoce que también es una lucha para ella.

> Suelo ensayar conversaciones imaginarias con mis ofensores y afilar mis palabras como cuchillos contra el pedernal hasta que no solo sean cortantes, sino que me parecen brillantes. Desde luego, conforme mis palabras son más afiladas, más me enojo y justifico mi autocompasión o mi plan de venganza. Aunque nunca pronuncio las palabras en voz alta, destruyen mi paz interior porque me mantienen centrada en "ellos" y en lo que me hicieron. En vez de tener una conversación imaginaria conmigo misma, sería mejor que derramara mi corazón ante Dios en oración.[2]

A veces sufrimos el acecho de nuestros pensamientos, nuestros sentimientos y nuestras emociones, nuestros recuerdos... tenemos que luchar para tomarlos cautivos, si queremos experimentar una verdadera sanidad y paz duradera. Pero nuestra decisión de perdonar sigue en pie. Y podemos descansar en

---

2. Anne Graham Lotz, *Heridos por la gente de Dios* (Lake Mary, FL: Casa Creación, 2014), p. 83.

esto, independientemente de que un día concreto parezca que estamos ganando o perdiendo la batalla.

Ora por quienes te han herido (Mt. 5:38-44). Lo creas o no, es una de las mejores cosas que puedes hacer por ti. Es una manera de confirmar que has perdonado de veras —que estás perdonando— a esa persona. Al mismo tiempo, ablanda tu corazón y lo prepara para la obra de sanidad que Dios quiere hacer en ti, y evita que permitas arraigar cualquier semilla de amargura o resentimiento.

He leído numerosos libros que instan a orar por los enemigos, pero no muchos explican cómo. La mayoría se limitan a indicar "pídele a Dios que los bendiga", y a decir verdad, eso me ha costado mucho. Sobre todo, cuando me toca orar por quienes han pecado contra mí de manera deliberada e intencional y no están arrepentidos; por quienes siguen pecando contra otros como lo hicieron conmigo. ¿Cómo puedo rogarle a Dios que bendiga el mal que hicieron, que les de la salud, la fortaleza, la energía y los recursos que necesitan para seguir haciéndolo? ¿Orar para que les envíe más víctimas, más personas a quienes usar y maltratar? Eso no puede estar bien.

Sin embargo, tampoco es correcto invocar la venganza y la ira del Antiguo Testamento. Es reconfortante leer los Salmos, saber que puedo ser auténtica con Dios, que otros han pasado por lo mismo que yo y se han sentido como yo. Pero sé lo que dijo Jesús. Entonces ¿qué hago?

Lo que más me ha ayudado es orar por mis enemigos como lo haría por mí misma, como por alguien a quien amo realmente y se ha descarriado.

Orar para que Dios gane su corazón y que lleguen a conocer

a Jesús, si todavía no lo conocen. Que experimenten su amor por ellos de una manera real y verdadera. Que vean los errores que están cometiendo, el dolor que están causando, el mal que están haciendo. Que estén dispuestos a arrepentirse, a dar media vuelta y tomar la dirección correcta. Que escuchen la voz de Dios y conozcan su Verdad. Que sientan su perdón, su misericordia y su gracia, y los extiendan a otros. Que encuentren la esperanza y la sanidad. Que Dios les dé el valor y la fortaleza para caminar en obediencia a Él y les muestre qué hacer. Que Él bendiga su esfuerzo por honrarlo, sea grande o pequeño.

Estas son las clases de cosas que quiero para mí y para aquellos a los que amo; son el tipo de bendiciones que puedo pedir en oración para cualquier persona.

Sabrás que has empezado a perdonar
cuando recuerdes a quienes te hicieron daño
y sientas el poder de desearles lo mejor.

Lewis B. Smedes

Recuerda que Jesús no te está pidiendo que hagas algo que Él no haya hecho. Recuerda lo que Él soportó. "En el mundo estaba, y el mundo por él fue hecho; pero el mundo no le conoció. A lo suyo vino, y los suyos no le recibieron" (Jn. 1:10-11). Cuando estuvo en esta tierra, el Señor Jesús fue constante objeto de habladurías, rumores y descréditos. Mentían sobre Él y le mentían a Él. Cuando comenzó su ministerio público, su propia familia trató de detenerlo, porque pensaron que estaba fuera de sí (Mr. 3:21). Cuestionaban sus actos, sus métodos, sus motivos, su teología, su autoridad. Todo lo que decía, lo que hacía, cada lugar que visitaba, cada persona con la que hablaba; toda su vida fue observada bajo un microscopio y sujeta al juicio y a la crítica de otros. Era habitual que lo maldijeran, le gritaran, le escupieran, se burlaran de Él y lo ridiculizaran. Lo hostigaban, lo atacaban verbal y físicamente, conspiraban contra Él y lo acusaban falsamente. Al final, uno de sus más allegados lo entregó. Aquellos con quienes había compartido su vida lo traicionaron y lo abandonaron. ¿Y qué me dices de los millares de personas a las que ministró, a las que alimentó? ¿A todos los que sanó y liberó? ¿No estaban entre la multitud gritando "¡sea crucificado!" cuando los soldados lo azotaron brutalmente y colocaron una corona de espinas sobre su cabeza?

No es solo la muerte cruel y angustiosa que sufrió en la cruz, sino todo lo padeció hasta llegar allí. La Biblia dice que lo soportó todo "por el gozo puesto delante de él": el gozo de entregar su vida por nosotras, para poder perdonarnos y reconciliarse con nosotras para siempre.

De modo que nada de lo que te pida o me pida es demasiado. Sea lo que sea que tengamos que soportar, o perdonar, podemos hacerlo, porque Él lo hizo.

Por tu gracia, en tus fuerzas, para tu gloria, Señor Jesús... y por tu amor.

Redime el dolor del pasado haciendo que te sirva en el futuro. Esto se consigue permitiendo que te enseñe en distintos niveles. Por ejemplo, en vez de amargarte por estar absorta en tu propio dolor, puedes ser más sensible al dolor de otras personas, más comprensiva y compasiva. Más como Cristo.

Una vez que sabes —a todos los niveles— qué se siente cuando te hieren, te rechazan, te abandonan, te ignoran y te maltratan, te juzgan mal o te malinterpretan, puedes usar ese dolor para conectar con otros. Aunque tus experiencias sean diferentes, los sentimientos son los mismos. De repente se añade toda una nueva profundidad y dimensión a tu ministerio: la "hermandad" del sufrimiento. "Bendito sea el Dios y Padre de nuestro Señor Jesucristo, Padre de misericordias y Dios de toda consolación, el cual nos consuela en todas nuestras tribulaciones, para que podamos también nosotros consolar a los que están en cualquier tribulación, por medio de la consolación con que nosotros somos consolados por Dios" (2 Co.1:3-4).

También puedes aprender mucho sobre la clase de persona que quieres ser —y la que no quieres ser— de la manera en que otros se han comportado contigo. Algunas de las personas más amables, más consideradas, más atentas que conozco son aquellas que, después de haber sido heridas, aprendieron a pensar bien antes de decir o hacer algo. Piensan en cómo podría afectarte, porque saben qué se siente cuando te hieren, te humillan y te destruyen.

No quieren provocar en nadie las cosas que ellas han padecido. Y a raíz de esto se han convertido en mejores personas.

Finalmente, con el tiempo y la distancia, descubrirás que puedes ser más objetiva al evaluar las cosas dolorosas que te han sucedido, y descubrir otras que, a fin de cuentas, te beneficiarán. Por ejemplo, he llegado a darme cuenta de que en algunos casos he sido tan culpable como la otra persona. Nos herimos una a la otra; ambas tuvimos la culpa. Si quiero tener una conciencia limpia delante de Dios, si quiero aprender, crecer y madurar como ser humano, o cultivar relaciones saludables, tengo que aprender a asumir la responsabilidad de mis actos y las decisiones que tomo.

En otros casos, sé que —aunque no fue técnicamente mi culpa— pude haber manejado las cosas de otra manera, elegido mis palabras con más cuidado o haber sido más paciente, comprensiva, compasiva o menos rápida para juzgar.

En otras ocasiones veo que el enemigo de mi alma me ha tendido una trampa sirviéndose de otra persona. Yo fui una víctima inocente, pero ciertas cosas me hicieron especialmente vulnerable, susceptible en demasía. Tal vez fuera mi necesidad de aprobación, afirmación o algún deseo similar, algún punto débil o un asunto personal con el que luchaba. Ver cómo el enemigo apuntó a esa debilidad —cómo y por qué caí en esa trampa— es una información *muy* valiosa para mí.

En algunos casos, hubo señales de advertencia —muchas banderas rojas que se agitaban con frenesí— que en ese momento (lo puedo admitir ahora) fingía no ver.

Y otros hechos me pillaron por sorpresa.

Para que quede claro: aprender del pasado no consiste en culpar a la víctima. Yo soy responsable por mis pecados y los demás han de responder por los suyos. Es discutible (y no demasiado útil) si alguna vez pude o debería haberlo sabido mejor, haberlo visto venir o haberlo impedido. No obstante, he descubierto que puedo aprender cosas útiles que me ayudarán a mí y a echarles una mano a otros. ¡Sienta bien sacar algo positivo de esas experiencias dolorosas!

Estate preparada para la posibilidad de uno de varios

resultados. A veces no hay justicia a este lado de la eternidad ni solución, ni conclusión, y mucho menos restauración o reconciliación. Sencillamente no es posible. La otra persona podría haber fallecido o tal vez esté viva, pero no sabes dónde encontrarla. Quizás no esté arrepentida en absoluto ni dispuesta a reconocer lo que hizo, o tan siquiera a escuchar tu versión. Tal vez se trate de alguien peligroso o inestable, incapaz por completo de mantener una conversación racional, pero muy capaz de hacerte más daño. Me he visto en algunas situaciones así. ¡Es tan difícil! He aprendido que lo único que puedo hacer es concentrarme en mi parte, en mi propio corazón.

"Pues ¿qué gloria es, si pecando sois abofeteados, y lo soportáis? Mas si haciendo lo bueno sufrís, y lo soportáis, esto ciertamente es aprobado delante de Dios. Pues para esto fuisteis llamados; porque también Cristo padeció por nosotros, dejándonos ejemplo, para que sigáis sus pisadas... quien cuando le maldecían, no respondía con maldición; cuando padecía, no amenazaba, sino encomendaba la causa al que juzga justamente" (1 P. 2:20-23).

El día llegará. Dios ve. Dios sabe.

A veces puedes zanjar el asunto, llegar a una resolución. Quizás no quede mucho de la relación, o tal vez nunca la hubo. Es posible que con todo lo sucedido te dieras cuenta de que ya nada podrá ser igual. Pero al menos se ha reconocido la ofensa y se ha tratado. Se piden disculpas. Hasta pueden ser genuinas y sinceras. Se pide y se recibe perdón. Ya se ha dicho bastante. También he experimentado este tipo de resultado. Es mejor, mucho mejor, aunque no es todo lo bueno que cabría desear.

A veces —algunas veces— Dios interviene de forma increíble, milagrosa, sobrenatural. Dos personas quebrantadas, desconcertadas, destruidas se humillan delante de Dios y una delante de la otra, y experimentan su poder divino para perdonar.

De manera profunda, verdadera y libre.

Fluye el perdón. Fluye el amor. Fluye la misericordia. Fluye la gracia. Fluyen las lágrimas. ¡Vaya, si fluyen!

Y comienza la sanidad. Tal vez una serie de pasos indecisos y vacilantes llegaron hasta aquí, seguidos de otros prudentes y cuidadosos. Pero la cuestión es que la relación no solo sobrevive, sino que prospera. Es más fuerte que nunca.

Eso es restauración y reconciliación, y también lo he experimentado. Sé que es posible. Sucede. Todos los días hay quien comparta sus historias sorprendentes —testimonios— de perdón, sanidad y restauración divinos.

Entretanto, enfócate en lo que has logrado, lo que has recibido o lo que has soltado, y no en lo que has perdido. Parece algo trillado, pero es cierto: una de las mejores cosas que puedas hacer es contar tus bendiciones. Da gracias en todo. Descubre las pequeñas cosas para celebrar, esas que te hacen reír o te proporcionen gozo, que te ayudan a no pensar en tu dolor y te recuerdan que la vida sigue siendo hermosa. Todavía quedan algunas personas maravillosas (aunque imperfectas) a través de las cuales brilla el amor de Jesús. Proponte buscar lo bueno en otros y creer lo mejor. Enciende una vela en vez de maldecir la oscuridad. O, como lo expresa Romanos 12:21: "No seas vencido de lo malo, sino vence con el bien el mal".

El perdón es la fragancia que la violeta
derrama en el talón que la ha aplastado.

George Roemisch

En la pared de su hogar infantil de Calcuta, India, la madre Teresa había pegado una versión de los Mandamientos Paradójicos, originalmente creados por el escritor y orador cristiano, el Dr. Keith M. Kent.

Hay muchas personas ilógicas,
irracionales y egocéntricas.
Aun así, ámalas.
Si haces el bien, te achacarán
motivos egoístas ocultos.
Aun así, haz el bien.
Si prosperas en la vida, harás falsos amigos
y verdaderos enemigos.
Aun así, intenta prosperar.
El bien que haces hoy,
mañana habrá caído en el olvido.
Aun así, haz el bien.
Si eres franco y sincero,
las personas podrían decepcionarte.
Aun así, sé franco y sincero.
Lo que te ha llevado años construir
podría destruirse de la noche a la mañana.
Aun así, construye.

Aunque los demás realmente necesiten ayuda,
podrían atacarte cuando se la ofrezcas.
Aun así, ayuda a los demás.
Dale al mundo lo mejor de ti
y te darán una patada en el estómago.
Aun así, da al mundo lo mejor de ti.[3]

No permitas que tus heridas te conviertan en una persona que no eres. Sé fiel a la mujer que Dios ha diseñado que seas. Camina en gracia y misericordia, perdón y libertad. ¡Aférrate a tu sanidad!

3. En su sitio de Internet, el Dr. Keith M. Kent da tres versiones diferentes de los "Mandamientos Paradójicos", que se atribuyen a la madre Teresa —dos de las cuales se exhiben en las paredes de su orfanato en Calcuta y una apareció en línea (titulada "El análisis final")— junto a la versión original que Kent escribió para sus estudiantes de liderazgo en 1968. Esta es una de ellas. Para más información, ver www.paradoxicalcommandments.com /mother-teresa-connection.html.

Estudio bíblico

1. Dedica unos minutos a orar y pedirle a Dios que te muestre si hay alguna herida, amargura o falta de perdón en tu corazón... alguien a quien todavía tengas que perdonar. Escribe los nombres o incidentes específicos que te vengan a la mente. Uno por uno, ve recorriendo los puntos de la lista. Confiesa cualquier pecado o mala acción por tu parte, toma la decisión de perdonar a esa persona y entrégaselo todo al Señor. A continuación ora por ello.

Si hay una persona o incidente particular que no puedes perdonar, pídele a Dios que te ayude; que obre en tu corazón para vencer lo que te esté frenando e impidiendo que le obedezcas en esto. Y ora sobre ver a una consejera o hablar estas cosas con una amiga de confianza.

2. Pídele a Dios que te muestre si has ofendido a alguien a quien todavía tengas que pedirle perdón (Mt. 5:23-24). Y pide que te muestre cómo presentar tus disculpas. Según la naturaleza de la ofensa y de la relación que tengas con esa persona, podría ser más conveniente que la llamaras, le enviaras un

correo electrónico o la invitaras a tomar un café... ¡o mejor que aprovecharas para sorprenderla en la cocina antes de irse al trabajo o a la escuela!

3. Busca los siguientes pasajes de las Escrituras:

    a) Génesis 16:1-14: ¿Qué descubrió Agar sobre Dios cuando se sintió usada, maltratada y completamente sola? (v. 13).

    b) Génesis 29:31-35: ¿A quién aprendió Lea a recurrir ante el rechazo de su esposo, su hermana y su familia? (v. 35).

    c) Génesis 50:20: ¿Qué dijo José respecto a haber sido traicionado por sus propios hermanos, vendido como esclavo a Egipto, acusado falsamente de acoso sexual y encarcelado durante tres años?

4. Elige uno de los siguientes versículos (o uno mencionado en este capítulo), memorízalo y medita en él durante la semana:

    Salmos 56:8
    Isaías 12:2
    Salmos 34:18
    Salmos 18:2
    Salmos 30:2
    Salmos 62:7
    Jeremías 17:7
    Salmos 3:3

5. Anota en tu diario cualquier otro pensamiento o reflexión.

Capítulo siete

Deja atrás el espejismo del control

Con una mirada lejana en sus ojos [mi padre] me dijo: "La vida no siempre resulta como la planeamos". Ojalá que en ese momento me hubiera dado cuenta de que estaba hablando de mi vida.

Sandra Bullock, en el papel de Lucy en *Mientras dormías*

Como mujeres, tenemos muchas responsabilidades: en nuestras familias, nuestras escuelas, nuestras iglesias, nuestros lugares de trabajo y nuestras comunidades. Si tú eres cómo yo, habrás leído un montón de artículos, informes y blogs y unos cuantos libros (admito haber leído más de unos cuantos) sobre cómo establecer metas, priorizar y organizarse. Sobre la forma de administrar nuestro tiempo, nuestro dinero, nuestras relaciones, nuestro trabajo, nuestro ministerio, nuestra vida. ¡Hay tanto por hacer! Todo lo que nos ayude a simplificar o facilitar las cosas, ¿verdad?

Resulta que podemos aprender y hacer mucho. Podemos tomar todo tipo de decisiones, cosas que podemos controlar: nuestras propias actitudes, por ejemplo, y nuestros actos. Pero a veces recibimos el mensaje equivocado. Nos da la impresión (una a la que somos demasiado susceptibles) de que podemos controlarlo casi todo. Es decir, todo lo importante. Solo necesitamos las herramientas, los consejos y las técnicas correctos.

Nos enfrentamos a una tentación enorme, la de vivir nuestra vida sumidas en una búsqueda interminable por tener el control o la ilusión de controlar.

Es un deseo ardiente. Una dolorosa necesidad.

Lo heredamos de nuestra madre —la Madre de todos los vivientes— Eva.

Empezó en el Edén, durante lo que parecía ser una conversación inocente, con lo que sonaba a pregunta inocente. La serpiente interpeló a Eva: "¿Conque Dios os ha dicho: No comáis de todo árbol del huerto?".

Pero la serpiente era astuta, más astuta que las demás criaturas de Dios. Le estaba tendiendo una trampa, una cuidadosamente maquinada. Eva le explicó cortésmente el mandato de Dios y la consecuencia de comer del árbol del conocimiento del bien y el mal. Pero la serpiente la contradijo: "No moriréis; sino que sabe Dios que el día que comáis de él, serán abiertos vuestros ojos, y seréis como Dios, sabiendo el bien y el mal" (Gn. 3:4-5).

Piensa en lo que estaba diciendo la serpiente aquí, en realidad: Lo que Dios dice no es así. Dios miente, o al menos nos confunde. No podemos confiar en Él. Priva a sus hijos deliberadamente del bien por despecho. En otras palabras: "Dios sabe que eso es una verdadera maravilla, y no quiere que lo tengas". La acusación es que Dios es injusto, malintencionado y cruel.

Si eso es verdad, Eva no tiene ninguna razón para creer en Dios, para confiar en Él ni para obedecerlo. ¿Por qué no debería tomar ella el control de su propia vida?

Eva escuchó a la serpiente ese día... le creyó a ella y no a Dios. Por tanto, desobedeció a Dios, se rebeló contra Él. Creyó, en su ingenuidad, que ahora ella debía tener el control, solo para descubrir que ella no tenía ningún control...era la serpiente quien la tenía, y su naturaleza recién corrompida y manchada por el pecado.

A lo largo de los años, la estrategia de Satanás no ha cambiado mucho. Hoy susurra las mismas cosas a nuestro corazón. Aprovecha todas y cada una de las oportunidades para difamar el carácter de Dios y socavar nuestra fe en Él. En Juan 8:44, Jesús dijo que el diablo "ha sido homicida desde el principio, y no ha permanecido en la verdad, porque no hay verdad en él. Cuando habla mentira, de suyo habla; porque es mentiroso, y padre de mentira".

Trata de convencernos de que necesitamos, queremos, y debemos tener el control. Desde luego que no le resulta difícil convencernos, porque nacimos con ese defecto de nacimiento —esa naturaleza pecadora— ya en nosotras. Gracias, Mamá.

A veces, la raíz de esto es la obstinación, la arrogancia o el orgullo. Pero creo que con mayor frecuencia es el temor. Como mujeres, una de nuestras mayores necesidades es la seguridad. Queremos sentirnos seguras, *estar* fuera de peligro, que las personas que amamos estén fuera de peligro y sean felices y saludables. Queremos que el mundo sea un lugar feliz y libre de peligro.

Pero no siempre lo es.

Esto no nos impide hacer nuestro mayor esfuerzo..., cualquier cosa, todo lo que se nos ocurra. Nos preocupa no estar al día en todas nuestras responsabilidades. Requiere gran esfuerzo tenerlo todo organizado, que todo transcurra sin contratiempos. Nos inquieta que otros puedan ver —o incluso sufrir por— nuestros fallos, nuestros errores, nuestros fracasos. Tememos perder el control de muchas cosas sobre las que —en realidad— tampoco tenemos ningún control.

Nos asusta que las cosas no resulten como queremos, como pensamos que deberían ser. Intentamos encargarnos de ellas, de solucionarlas. Queremos resolverlo todo, sacar del apuro a las personas. Así que lo tomamos todo en nuestras propias manos, en vez de confiárselo a Dios.

Nos sobreviene el temor cuando pensamos que todo depende de nosotras.

Elisabeth Elliot

Señoras, detesto decirlo, pero a veces nuestra desesperación puede llevarnos a hacer cosas feas. Maquinamos, planeamos, intrigamos. Gimoteamos, hacemos pucheros, lloramos. Mentimos, fastidiamos, armamos un lío. Presionamos, pinchamos, provocamos, hacemos campaña. Mandamos, insistimos, exigimos. Hacemos el vacío, adulamos, coqueteamos. Retenemos el amor, el afecto o la aprobación. ¡Lo que sea! Nos decimos que es necesario, que tenemos que hacerlo así.

El problema es que nuestros intentos de controlar lo inevitable son contraproducentes. Por mucho que nos esforcemos, nos quedamos con un sentimiento de irritabilidad, enojo, estrés y desdicha. ¡No es fácil tratar de gobernar el mundo! Las personas, las circunstancias, la vida no colaboran. ¿Por qué nadie hace lo que debe? Acabamos exhaustas, agotadas, extenuadas.

Cuando al final nos vemos obligadas a aceptar la realidad de que, en efecto, hay cosas que no podemos controlar, algunas recurrimos al lado oscuro. Está bien... al lado (más) oscuro. Nos concentramos con energía y celo renovados en cualquier cosa que sí podemos controlar. Convertimos en batallas épicas cosas como "la manera correcta" y "la manera incorrecta" de cargar el lavavajillas, de doblar las toallas o de colgar el papel higiénico. (¿Cuál es la manera correcta? Como nosotras decimos, por supuesto). Bromas aparte, puede manifestarse en un perfeccionismo o un comportamiento obsesivo compulsivo.

Cuanto más controladoras, más intransigentes y más inflexibles nos volvemos... corremos mayor riesgo de dañar o incluso de destruir nuestra relación con otros. A nadie le gusta que le digan todo el tiempo lo que debe hacer, sentirse constantemente criticado, corregido, coaccionado, controlado hasta lo sumo y manipulado.

Es difícil verlo en el momento, cuando estamos inmersas en ello, porque solemos estar convencidas de que nuestros motivos son buenos. Nuestras intenciones son buenas. Creemos que lo hacemos por el bien de los demás. No tenemos intención de herir, ofender ni alejar a nadie. Pero lo hacemos. No lo podemos evitar.

Cuando nos empeñamos tanto en materializar nuestras

esperanzas, nuestros sueños, nuestras visiones —para nosotras y para otros—, no podemos ver lo que Dios quiere hacer. Cuando nos dejamos llevar por nuestros planes y nuestro programa, corremos el riesgo de adelantarnos a Dios, de resistirnos a su voluntad o de no entender nada. En vez de trabajar con Él para lograr sus propósitos para nuestra vida y la de nuestros seres queridos, estorbamos. Nos infligimos toda clase de aflicción y dolor. Creamos problemas y retrasos innecesarios.

Dios siempre da lo mejor a quienes
le dejan decidir a Él.

Jim Elliot

Veamos los ejemplos de cuatro de las mujeres más famosas del Antiguo Testamento. Es probable que ya conozcas sus historias, así que resumiré los puntos más sobresalientes.

Sara: Dios había prometido hacer de su esposo Abraham el "padre de muchedumbre de gentes" y darles la tierra de Canaán a sus numerosos descendientes. Pero cuando los años pasaron (demasiados, para Sara) y era ya demasiado vieja para quedar embarazada, se le ocurrió un plan. Entregó su sierva, Agar, a Abraham, para que la joven pudiera darle un hijo. Y así fue. Entonces, catorce años después, cuando Sara tenía noventa años, quedó embarazada del heredero de Abraham, como Dios había dicho (Gn. 16:1-15; 18:1-15; 21:1-20).

Rebeca: Dios le dijo a Rebeca, estando aún embarazada, que cuando sus bebés nacieran "el mayor [serviría] al menor";

que Jacob, el pequeño, heredaría el favor y la bendición de Dios (además de la prominencia, el prestigio y la riqueza de su familia), contrariamente a la tradición cultural. Pasaron los años y Rebeca ideó un plan para engañar a su esposo y conseguir la bendición para Jacob, su favorito. Y así fue. Pero este tuvo que huir para salvar su vida cuando su hermano amenazó con matarlo. Y aunque llegó a ser un hombre bendecido, su madre nunca lo volvió a ver (Gn. 25:23; 27:1-13).

Abigail: Todos sabían que Dios había ungido al poderoso guerrero David y que sería el próximo rey de Israel. De modo que cuando Abigail supo que su esposo Nabal lo había afrentado neciamente y provocado a la guerra —una guerra privada y personal contra su familia— ideó un plan. Cabalgó al encuentro de David y su ejército, con presentes de comida y bebida. Al disculparse por el comportamiento de su esposo, habló con tal verdad, gracia y sabiduría que derritió el corazón del futuro rey. Y cuando su esposo murió, David no tardó en hacerla su esposa (1 S. 25).

Noemí: Después de la muerte de su esposo y sus hijos, la viuda Noemí regresó a sus antigua ciudad natal con su fiel nuera, ahora también viuda. No tenían dinero, así que Rut fue a trabajar al campo para ganarse el sustento, pero era una mera solución a corto plazo. Cuando Noemí descubrió que el amable y generoso dueño de los campos había advertido la presencia de Rut —por cierto, además de todo era soltero (!) y pariente lejano con obligaciones para con la familia—, Noemí ideó un plan. Dio a Rut detalladas instrucciones para conseguir una propuesta de matrimonio, y ella las siguió. Y la feliz pareja llegó a ser parte del árbol genealógico de Jesús (Rt. 3:1-18).

Cuando analizamos estas historias, vemos que las cuatro mujeres fueron fuertes, valientes y decididas. Querían lo mejor para su familia, creían saber qué era lo mejor para ella. Las cuatro pensaban que conocían la voluntad de Dios para su familia, dos de ellas incluso habían recibido palabras proféticas. Las cuatro estaban listas y dispuestas a hacer cualquier cosa para que aquello se hiciera realidad. De hecho, todas hicieron planes y tomaron medidas estratégicas. Pero solo dos de ellas lo hicieron de la manera correcta.

Solo dos (Abigail y Noemí) se dejaron guiar por Dios y siguieron sus instrucciones. Las otras dos (Sara y Rebeca) se adelantaron a Él e hicieron lo que les pareció mejor.

A primera vista sus decisiones parecen similares.

No obstante, existe una diferencia entre hacer la voluntad de Dios y hacer lo que queremos. Actuar en obediencia a Él o actuar sin tenerle en cuenta. Servir a sus órdenes o intentar hacerse con el control, tratar de manipular las cosas para conseguir lo que queremos. (Por todas las razones correctas, con las mejores intenciones, incluso pensando que tenemos su bendición, ¡por supuesto!).

Y somos más propensas a equivocarnos en una dirección que en la otra. Quiero decir, con sincerad, que en veinticinco años de ministerio para mujeres, nunca he oído decir: "Mi problema es que paso *demasiado* tiempo asegurándome de que estoy buscando la voluntad *de Dios* y no la mía...". (Me apresuro a añadir que esas palabras tampoco han salido nunca de mis labios).

Cierto es que, a pesar de los terribles errores de Sara y Rebeca, Dios cumplió su propósito para ellas, sus familias y toda la humanidad. Pero fue mucho más difícil y doloroso de lo previsto. Ellas sufrieron, y varias generaciones familiares también. El mundo entero padeció por ello. Es el origen de la incesante guerra y el conflicto en Oriente Medio.

Por tanto, si tienes opción (y la tienes), ¿por qué elegir el camino más difícil? Escoger rendirnos, "soltarlo todo y entregárselo a Dios" podría parecer, en principio, el camino difícil, pero no lo es a largo plazo.

Creo de veras que este es nuestro reto: ser mujeres de Dios fuertes, decididas y valientes, que respondemos a su llamado y pasamos a la acción en nuestra propia vida, en beneficio de nuestra familia o para su reino, ¡en su tiempo, en su sabiduría, en su fortaleza, bajo su dirección, a su manera! Actuar sin adelantarnos a Él, sin tomarnos atribuciones que Él no nos ha encomendado, sin pelear batallas que no nos corresponden, fracasar por seguir nuestro propio programa o seguir el de Dios en nuestro tiempo, nuestra sabiduría, nuestra fortaleza, a nuestra manera.

Tenemos que aprender a confiar en Él y en su dirección, en su poder, en su sabiduría, en su amor. Porque confiando en Él —en que Él tiene el control—, podremos soltarlo todo.

Para la mayoría de nosotros, la oración del Getsemaní es el único modelo. Mover montañas puede esperar.

C. S. Lewis

Recuerdo haber asistido, hace años, a una conferencia para mujeres profesionales. Por fuera sonreía alegremente, pero por dentro sentía que me rompía. Toda mi vida parecía del todo fuera de control. Me había estado esforzando por organizarlo todo —tenerlo en orden— pero no podía hacerlo.

Detesto admitirlo, pero las cosas que pesaban sobre mí superaban mi poder de control. Para empezar, nunca las había controlado. No podía hacer nada, al menos no con mi propia sabiduría, mis fuerzas; nada que pudiera ver. No obstante, esto no me había impedido intentarlo. Ahora estaba allí, frustrada y contrariada, angustiada y preocupada, desgastada por tanto esfuerzo improductivo.

Entonces, una mujer a la que tengo el honor de llamar amiga, Jennifer Kennedy Dean, subió a la plataforma. Contó que, en una ocasión llevó a uno de sus hijos pequeños a un mercado al aire libre. Alguien le había dado uno de esos grandes y bonitos globos de helio atado a una cuerda. Ella le dijo varias veces que lo sujetara fuerte. (Tú sabes lo que sucede con los niños pequeños y los globos).

Efectivamente, a pesar de sus advertencias, cuando se dio de nuevo la vuelta, su hijo escrutaba el cielo para ver su precioso globo por última vez. Adelantándose a las lágrimas o a una rabieta, le regañó: "¡Cariño, te *dije* que lo sujetaras fuerte! ¿Por qué lo soltaste?".

Su hijito le respondió: "¡No lo solté, mami! Se lo di a Jesús".

Me hizo llorar.

Porque... bueno, ¡qué ternura! Esa es la respuesta, y está justo ahí. Para mí y para ti. ¡Son tantas las cosas que no podemos controlar! La respuesta es "suéltalas", pero la única manera de soltarlas en realidad es entregárselas a Jesús. Y es que no queremos desistir de las cosas y de las personas que nos importan., de todas nuestras responsabilidades. No queremos ignorarlas, abandonarlas ni renunciar a ellas. Este no es el significado de "soltar".

No las estamos abandonando. Se las estamos confiando al Creador de todas las cosas. A Aquel que es mucho más sabio, fuerte, ingenioso, justo, bueno, paciente, amoroso y benigno. Él sabe mucho mejor que nosotras lo que hay que hacer.

A veces, cuando damos un paso atrás y respiramos hondo, Él nos revela un poco de su plan: nos da una tarea, algo por lo que orar, que decir o hacer. Otras veces nos muestra que puede obrar solo, sin nuestra ayuda.

Pero de cualquier manera, ¡la diferencia es enorme! Es difícil describir el alivio, la paz, la libertad.

¿Y cuando vuelve la tentación… la de intentar controlar lo que no se puede?

¡Suéltalo!

Entrégaselo a Él.

Estudio bíblico

1. ¿Te está costando soltar cosas que realmente no puedes controlar? ¿Qué cosas? ¿Qué personas? ¿Qué circunstancias? ¿Hay ámbitos de tu vida que te cuestan más que otros? ¿Por qué piensas que es así?

Por ahora, haz una lista de las cosas que no puedes controlar y que necesitas soltar: personas, problemas, circunstancias. Empieza a orar por ellas y pídele a Dios que te ayude a entregárselas. Con la historia de Jennifer en mente, también podrías:

- Escribir los nombres o las palabras claves con un marcador sobre un globo de helio y orar por él mientras sales, lo sueltas y se lo "entregas a Jesús".
- En tu diario personal, dibuja globos (usa un esténcil o recortes de figuras para cortar y pegar globos de colores) y rotúlalos con los nombres y descripciones de las cosas que le estás entregando a Jesús. Cada vez que sientas la tentación de volverlos a agarrar, busca esa página, coloca tu mano sobre ellos y vuélvelos a "soltar" una y otra vez.

2. A veces, cuando oramos, en realidad le estamos diciendo a Dios lo que pensamos que debería hacer o lo que queremos que haga. Este tipo de acercamiento conlleva muchos inconvenientes, en particular cuando estamos perdidos —cuando no sabemos lo que queremos ni qué decirle— dejamos de acudir a Él en oración. Lee 2 Crónicas 20. ¿Qué crisis afrontaron el rey Josafat y el pueblo de Judá? (vv. 1-2).

¿Qué hicieron? (vv. 3-4).

¿Qué pidió en oración el rey Josafat? (v. 12).

¿Qué dijo Dios? (vv. 15-17).

Para saber qué pasó —¡fue increíble!— lee los versículos 21-25. Pídele a Dios que te muestre si hay alguna situación de tu vida hoy en la cual podrías hacer la misma clase de oración, usar la misma estrategia de batalla.

3. Elige uno de los siguientes versículos (o uno mencionado en este capítulo), memorízalo y medita en él durante la semana:

Isaías 55:8-9	Proverbios 3:5-6
Salmos 143: 8-10	Salmos 91:1
Salmos 25:4-5	Salmos 40:8
Santiago 1:5	Salmos 44:3

4. Anota en tu diario cualquier otro pensamiento o reflexión.

Capítulo ocho

Aférrate a la paz

Ox: —Trabajas duro, tratas de mantener a tu familia y, por un momento, todo está bien. Todos están bien. Todos están felices. En ese momento, tienes paz.
Jack: —Papá, este no es ese momento.

Mientras dormías

En 2005, Carrie Underwood, ganadora de *American Idol,* lanzó una canción que escaló al primer puesto de la lista de éxitos *Billboard* y ganó varios premios Grammy, a la música *Country,* a la música *Gospel* y muchos más. "*Jesus, Take the Wheel*" [Jesús, toma el volante] llegó a vender más de dos millones de copias. Solo en el primer año, más de un millón de personas lo convirtieron en el tono de llamada para su teléfono celular.

No es difícil entender el atractivo de la canción; no solo se debe a que su intérprete es una de las estrellas favoritas del público, bonita y talentosa, sino al mensaje de la canción. Cuenta una historia con la que todos se pueden identificar.

Una mujer joven viaja por carretera tras una tormenta de nieve, con su bebé en el asiento trasero del automóvil. Al encontrarse con una capa de hielo, pierde el control del automóvil y se da cuenta de que se van a estrellar y morir. Entonces clama a Dios en oración, y sus vidas se salvan milagrosamente.

Después, sentada junto a la carretera, comprende que —como le ocurrió a su auto momentos antes—, su vida también gira fuera de control. Ha tomado malas decisiones. Ha escogido el camino equivocado, sabe que no puede salvarse a sí misma, por eso ora a Jesús y le pide que "agarre el volante" y le dé un vuelco a su vida y a su corazón.[1]

Creo que todas hemos tenido momentos en los que sentimos que nuestra vida se desmoronaba a nuestro alrededor, y todo parecía completamente fuera de control. Recordamos la desesperación, la impotencia, el desespero.

Y recordamos más aún. Nos acordamos de Jesús viniendo a rescatarnos, como lo ha hecho una y otra vez, cuando admitimos lo necias que habíamos sido y lo mucho que lo necesitábamos. Cómo no nos condenó ni nos sermoneó, ni nos criticó. Solo nos amó y nos salvó. Nos sacó del pozo y nos volvió a poner en el camino; en el camino correcto.

Qué dulce alivio fue —es— permitirle tomar el volante. Saber que Él tenía el control. Que Él se encargaría. El problema es que, después de un tiempo, nos acercamos de nuevo poco a poco al asiento del conductor. Deslizar nuestras manos sobre el volante. Creemos realmente que sería mejor tomar

1. Brett James, Hillary Lindsey y Gordie Sampson, "Jesus, Take the Wheel", interpretada por Carrie Underwood, SONY/ATV Music Publishing, Windswept Holdings, BMG Rights Management, US, 1995.

este camino... No estamos seguras de adónde nos lleva Él. Desconocemos lo que nos espera más adelante. Pensamos que estaríamos mejor en el asiento del conductor, volvemos a tomar el volante, y así perdemos nuestra paz.

Y es que Jesús no solo nos da paz. Él es nuestra paz (Ef. 2:14).

De modo que cuando apartamos a Dios de nuestro camino, alejamos nuestra paz.

Dios no puede darnos paz ni felicidad aparte de Él, porque no existen. No existe tal cosa.

C. S. Lewis

Nos aferramos a Jesús en la misma medida que nos agarramos a nuestra paz. Permitámosle sujetar el volante —dejémosle conducir— cada día, haya habido una tormenta de nieve o no. Veamos una capa hielo o no.

Pídele a Jesús que tome el volante aunque el sol brille y el camino esté despejado. Aunque nos sintamos bien, con fuerza, y capaces de todo. Aunque creamos conocer el camino.

Sinceramente, es más fácil orar "Jesús, toma el volante" cuando no tenemos otra opción. Cuando hay que escoger entre eso o acabar en la cuneta; o cuando ya nos encontramos en la zanja y Él es la única salida. Pero ir de una cuneta a otra o de pozo en pozo es una pésima manera de conducir y de vivir.

En realidad no tenemos por qué esperar a ver pasar nuestra vida como un flash ante nuestros ojos para rendirnos a Él. ¡Más vale no esperar! Es mejor claudicar antes y asombrarnos al ver cómo desaparecen muchas de esas cunetas. Cada momento, cada hora, cada día, nuestra oración tiene que ser la que Jesús elevó en Getsemaní: "No se haga mi voluntad, sino la tuya".

Ese es el verdadero secreto de la serenidad: rendirnos. Así es como nos aferramos a la paz: depositando nuestra confianza en la persona de Jesús.

Estas son algunas de las cosas que he aprendido: cosas prácticas y con sentido, que nos servirán para aferrarnos a Jesús, a nuestra paz. Cosas que nos ayudarán a cultivar un espíritu pacífico.

Recuerda sacar tiempo para estar a solas con Jesús y volver a conectarte con Él. Piensa en ese momento como un "*spa* para tu alma". Mi amiga Cindy McDowell explica que un *spa* espiritual es "tomarse tiempo para relajarse en la presencia de nuestro amado Dios, reflexionar en sus dádivas y su bondad, hablar con Él de todo lo que nos preocupa y, sobre todo, escuchar atentamente ese suave susurro".[2] Jesús mismo se apartaba a menudo para orar y descansar en los brazos de su Padre (ver, p. ej., Mt. 14:23; Mr. 1:35; Mr. 14:32; Lc. 9:18 y Lc. 11:1). No siempre tendrás una experiencia profunda y conmovedora de las que Él tenía en la cumbre de una montaña, pero si tu tiempo con Él siempre es monótono, árido y aburrido —si es difícil y trabajoso—, algo estás haciendo mal. Mal para ti. No es "talla única".

Bíblicamente hablando, no hay una manera correcta o incorrecta de tener un tiempo de intimidad ni un proceso o

---

2. Lucinda Secrest McDowell, *Spa for the Soul: Rejuvenate Your Inner Life* (Nashville, TN: CrossBooks, 2009), p. 6.

fórmula determinados. No está en la Biblia. Lo he verificado. Prueba, pues, diferentes lugares, (dentro, fuera, acurrucada con una manta confortable, ¡o mejor no, si te da sueño!) y distintos momentos del día. Inténtalo con una buena Biblia de estudio exhaustiva, o con una técnica menos estructurada y más espontánea. Si eres una artista, dibuja mientras oras. Si eres música, toca o canta. ¡Y aunque no lo seas! Enciende velas o ponte un chal de oración si conoces la tradición y la historia, y si el simbolismo es valioso y significativo para ti. Tu momento a solas con Dios puede ser en silencio, si lo prefieres, o realmente alegre y dinámico, si tú eres así. Porque *es natural* que la personalidad y el temperamento que Dios te ha dado influyan en tu relación con Él, ¿cómo no?

Presta, pues, atención a lo que estás haciendo cuando sientas a Dios más cerca, las horas, los lugares y las maneras en que lo oyes con mayor frecuencia; busca la manera de incorporar elementos de esas cosas en tu rutina regular. (Si esta idea es nueva para ti, te podría gustar el libro de Betty Southard *Come as You Are: How Your Personality Shapes Your Relationship with God* [solo disponible en inglés]). Una vez más, piensa que es un "*spa* para el alma" o, mejor todavía, "una cita con el amor supremo de tu vida". Pregúntate: "¿Cómo puedo hacer que nuestro momento juntos sea especial?". Sé que podría parecer un punto más en tu lista de quehaceres, pero si lo haces bien... si de verdad deseas y disfrutas pasar tiempo con Jesús, si estás aprendiendo y creciendo en tu relación con Él, tendrás paz, ¡y son tantas las demás cosas que encajan por sí solas en su lugar o entran en perspectiva!. De veras que es así.

En la paz nunca se trata de un lugar,
sino siempre de una Persona.
Jennifer Dukes Lee

Recuerda el poder de la alabanza y la adoración para traer paz a tu alma. Las Escrituras dicen que cuando David interpretaba la música de los salmos, el demonio que atormentaba al rey Saúl se callaba. La ira, el temor, la confusión y la paranoia con la que había llenado su corazón se disipaban, y el espíritu maligno se apartaba de él (1 S. 16:14-23). Yo sé que cuando mi propio espíritu está bajo ataque —si canto canciones sobre la sangre que Jesús derramó por mí, y la victoria que Él ganó en el Calvario— si pongo música de alabanza y adoración en mi casa, en el auto o en mi iPod, la atmósfera cambia al instante. A veces elijo música suave y relajante... himnos hermosos o alguna colección de música instrumental reverente. En otras ocasiones me decanto por música contemporánea cristiana más alegre, de la que me gustaba cuando le entregué mi corazón a Jesús, en mi adolescencia. ¡Me trae tantos recuerdos, tantas cosas por las que me ha guiado! Y hay veces en que necesito emocionantes himnos de alabanza y declaraciones de guerra.

Cuando piensas en ello, la alabanza y la adoración son unas de las herramientas más poderosas contra el enemigo de nuestras almas. Reiteradas veces en el Antiguo Testamento, Dios envió su ejército a la batalla con poco más que un cántico de alabanza en sus labios. Y esa fue precisamente la clave de su victoria. Un grito poderoso hizo que se derrumbaran los muros de Jericó (Jos. 6:20). Resulta increíble, pero con frecuencia era el coro quien lideraba el ataque. Cuando el pueblo cantaba alabanzas a Dios, sus enemigos caían en confusión y se mataban entre ellos (2 Cr. 20:22). Alabando a Dios en medio de su sufrimiento, Job demostró que su corazón era genuino, que amaba a Dios y no solo sus dádivas, y le asestó un buen golpe al diablo (que había asegurado lo contrario) (Job 1:1–2:10). Una patada en el estómago. Este es el poder de nuestra alabanza. Considerando todas las desgracias que el diablo ha causado, no lo lamento en absoluto. De hecho, me produce una gran satisfacción. Desearía poder acordarme de alabar a Dios más a menudo, solo por esa razón. Derrotar al enemigo es otra manera de aferrarte a tu paz.

Recuerda orar, aun antes que todo lo demás falle. Preferiblemente, *mucho* antes de que falle todo lo demás: "echando toda vuestra ansiedad sobre él, porque él tiene cuidado de vosotros" (1 P. 5:7). Puedes orar cuando tienes un momento de quietud y concentración, y mientras vas de aquí para allá en medio de las ocupaciones del día. Mantén una lista actualizada de las personas y las cosas por las que estás orando; ayudará a tu memoria. O escribe tus oraciones en tu diario, como cartas dirigidas a Dios, para que te ayude a concentrarte cuando oras. Usa las fotos adheridas a tu refrigerador o publicadas en Facebook para que te inciten a hacer un alto y orar, allí mismo y en ese momento.

Puedes orar para que Dios se mueva de una manera específica o que produzca resultados específicos según el Espíritu Santo te dirija, o como hizo María en Juan 2:3: Solo dile a Jesús cuál es el problema, sin sugerirle lo que Él debería hacer para resolverlo.[3] (En realidad, es más difícil de lo que parece). Usa las Escrituras en oración sobre ti y tus seres amados. Por ejemplo: "Te pido que fortalezcas a Emilia con poder en su ser interior por tu Espíritu…" (ver Ef. 3:16-19). Ora el Padrenuestro, el Salmo 23 o algunas de las bellas oraciones tradicionales escritas por grandes hombres y mujeres de fe a través de los siglos.

Últimamente he estado usando la alarma de mi celular como "llamada a orar". Pongo la alarma para que suene cada hora, y al oírla, hago un alto en lo que esté haciendo para orar unos segundos. A veces elijo un motivo específico de oración para todo el día; otras veces simplemente oro por quien esté en frente de mí por lo que me venga a la mente en ese momento. Cuando lo hago durante varios días seguidos, empiezo a mirar el reloj esperando el momento y pensando en motivos de oración, y oro aunque no sea la "hora". En realidad, por eso lo hago así, para adquirir el hábito de orar y que se vuelva parte de mí.

Cuando tengo una bloqueo mental o afronto un bajón emocional, un problema físico o un ataque espiritual, me tomo el tiempo de hacer una pausa y orar. Leo la Palabra y oro. Oro antes de entrar en pánico, antes de avanzar. Oro antes de seguir mis propios planes.

Pam Farrel

3. La primera vez que escuché a Jennifer Kennedy Dean enseñar sobre este pasaje y el principio de la oración en una conferencia, hace varios años. Escribí un artículo en mi blog sobre lo que recuerdo de su mensaje en http://www.christinditchfield.com/2013/06/he-knows-our-need/.

Recuerda (en una medida saludable) controlar las cosas que están a tu alcance (de una manera saludable). Con esto me refiero a hacer todo lo posible para conseguir más espacio en tu vida, para respirar, para la paz. Si el desorden realmente te perturba —si agrava tu estrés—, merece la pena invertir un tiempo en organizarte y ordenar las cosas. ¿Podrías lograr lo que necesitas de manera más rápida y fácil y con menos estrés? ¿Puedes delegar más, o postergar algunas cosas para otro momento, para otra etapa? Revisa tu agenda y analiza detenidamente tus compromisos, tus obligaciones y tus responsabilidades para comprobar si se ajustan a tus prioridades. (Hablamos de esto en el capítulo cuatro). Esta vez, pregúntate "¿qué me está robando la paz?".

¿Hay alguna manera de cambiar la situación, acabar con ella o limitar tu exposición a ella? ¿De descartar todo lo innecesario? Si nada de esto es posible, ¿podrías cambiar tu forma de ver esa situación, tu modo de responder a ella? ¿Podrías cambiar tus expectativas respecto a ella y a ti misma? Quizás sería buena idea volver a hablarlo con personas de tu confianza que te den su perspectiva.

Recuerda cuidar tu cuerpo. Tú sabes que el estrés de intentar manejar todas las cosas en la vida no es gratis. De hecho, sobra decirte que una de las mejores cosas que puedes hacer para aliviar la tensión física —los dolores, las molestias y la acumulación de adrenalina— es el ejercicio, una buena dieta y tomar mucho aire fresco y sol. Lamentablemente, cuidar de nuestro cuerpo es lo primero (después de nuestro tiempo íntimo) que solemos saltarnos cuando nos sentimos abrumadas y exhaustas. Sin embargo, es entonces cuando más lo necesitamos (y, casualmente, también nuestro tiempo a solas).

¿Otra razón para cuidar nuestra salud? Estar mal físicamente puede causar síntomas que confundimos con los efectos del "estrés" o como otros indicadores emocionales o espirituales. Agitación, ansiedad, intranquilidad, falta de memoria, irritabilidad, letargo, cambios bruscos de humor... estos y otros síntomas pueden deberse, en realidad, a una sensibilidad a los alimentos, a ciertas condiciones médicas o a efectos secundarios de ciertos medicamentos (incluso suplementos y remedios naturales de venta libre). Podría, o no, ser la causa de todo el estrés al que has estado sometida últimamente. De modo que acude con regularidad a tus citas médicas y vigila tu salud. Haz lo necesario para cuidar el cuerpo que Dios te ha dado.

Confía el pasado a la misericordia de Dios, el presente a su amor y el futuro a su providencia.

San Agustín

Recuerda buscar momentos de paz en medio de las diferentes situaciones de la vida. Y aprovéchalos al máximo, cada vez que encuentres uno. Incluso puedes aprender a crearlos. Pero no vivas esperando ni esforzándote por conseguir ese día en el que todo sea perfecto y apacible en cualquier ámbito de tu vida. Para la mayoría de las mujeres, ese día nunca llega. Algunas experimentamos etapas más tranquilas, de descanso. Quizás podríamos tomarnos un tiempo sabático de vez en cuando o disfrutar de nuestra jubilación. (Si te encuentras hoy en esa etapa de tu vida, ¡te animo a buscar —de cuando en cuando— a una mujer exhausta y agotada y hacer algo para darle un respiro!).

Pero hasta entonces, y en caso de que esa etapa nunca llegue, acepta los momentos de paz —esas pequeñas vislumbres del cielo— que encuentres en el camino. Tal vez sea el canto de las aves en tu jardín, una bella puesta del sol. La primera taza de café de la mañana, cuando nadie se ha levantado todavía. El momento antes de levantarse el telón en un concierto. Acurrucarte a leer un buen libro. Pasear por la playa. Acunar a tu bebé o a tu nieto (o a los bebés de la guardería de la iglesia) para que se duerman. Disfrutar los momentos de paz, de todos y cada uno, mientras le das gracias a Dios y respiras hondo.

El salmista dijo: "Jehová es mi pastor; nada me faltará. En lugares de delicados pastos me hará descansar; junto a aguas de reposo me pastoreará. Confortará mi alma" (Sal. 23:1-3). Cuando seguimos al Pastor, dejamos de afanarnos, de luchar, de pelear, de esforzarnos tanto por controlar a todos y todo, por sacar de apuros a todos y resolverlo todo. Incluso a nosotras mismas.

Encontramos descanso.

Hallamos paz, su paz, esa que sobrepasa (o trasciende) todo entendimiento (Fil. 4:7). Es una paz que no depende de nuestras circunstancias, que puede calmar cualquier tormenta. Entonces —y esto es lo sorprendente—, en realidad nos convertimos en sus instrumentos de paz. Él nos usa para hacer aquello que queríamos hacer, lo que hemos estado intentando hacer desde un principio: traer paz a la vida de las personas que amamos y al mundo que nos rodea.

Llegamos a ser vasijas suyas, llenas de su paz. Sus manos, sus pies.

Es la paradoja que expresa la oración de San Francisco de Asís con gran hermosura:

> Señor, hazme un instrumento de tu paz:
> allí donde haya odio, que yo ponga el amor,
> allí donde haya ofensa, que yo ponga el perdón;
> allí donde haya discordia, que yo ponga la unión;
> allí donde haya error, que yo ponga la verdad;
> allí donde haya duda, que yo ponga la fe;
> allí donde haya desesperación, que yo ponga la esperanza;
> allí donde haya tinieblas, que yo ponga la luz;
> allí donde haya tristeza, que yo ponga alegría.
>
> Señor, haz que yo busque:
> consolar y no ser consolado,
> comprender y no ser comprendido,
> amar y no ser amado.
> Porque dando es como se recibe,
> olvidándose de sí es como uno se encuentra,
> perdonando es como se recibe el perdón,
> y muriendo es como se resucita a la vida eterna.
>
> Amén.

Estudio bíblico

1. ¿Qué significa para ti la palabra "paz"? ¿Qué escenas o imágenes te vienen a la mente? ¿Cuándo sentiste más paz? ¿Qué te trae paz ahora? ¿Cómo experimentas momentos de paz en tu vida diaria?

¿Has experimentado paz alguna vez en un momento de tu vida nada pacífico? ¿Cómo? ¿En qué circunstancias?

2. Busca Lucas 8:22-25 (ver también Mr. 4:36-41). ¿Por qué se encontraban los discípulos en medio de una tormenta? ¿De quién fue la idea de cruzar el lago? ¿Dónde estaba Jesús?

¿Qué hizo? ¿Qué aprendieron los discípulos de las tormentas? ¿De ellos mismos? ¿De Jesús?

3. Ahora lee Hechos 12:1-17. ¿Qué les estaba pasando a los discípulos? (vv. 1-4).

¿Quién estaba dormido en ese momento? (v. 7).

¿Cómo podía dormirse en medio de esas circunstancias? (ver Ro. 14:8).

¡Cómo había crecido su fe… y cómo seguiría creciendo! ¿Qué hizo Dios? (v. 11).

4 ¿Cuáles son las peores cosas que amenazan tu paz en este momento? ¿Estás en medio de alguna tormenta, alguna prueba, alguna situación realmente grave? ¿O los retos que enfrentas son las frustraciones, las discusiones y los conflictos (menores) cotidianos y el flujo de interrupciones constantes?

¿Qué cosas específicas puedes hacer hoy —esta semana— para aferrarte activamente a tu paz?

5. Elige uno de los siguientes versículos (o uno mencionado en este capítulo), memorízalo y medita en él durante la semana:

Salmos 29:11	Isaías 26:3
Juan 14:27	Romanos 15:13
Salmos 119:165	Filipenses 4:6-8
Juan 16:33	2 Tesalonicenses 3:16

6. Anota en tu diario cualquier otro pensamiento o reflexión.

Capítulo nueve

Deja atrás la preocupación, la negatividad y la desdicha

Solía pensar que la voluntad de Dios para nosotros era que fuéramos santos, no necesariamente felices. Pero ya no lo creo. Sin lugar a dudas, Dios nos llama a ser santos, pero también nos ha creado para que seamos felices. La santidad y la felicidad no son opuestas, sino parte de un todo. La santidad nos conduce a la plenitud, y esta nos lleva a la felicidad.

Leslie Vernick

Cuando me puse a escribir este libro, empecé a pensar en los mayores retos que afrontamos como mujeres. Hice una lista de cosas que nos refrenan, nos agobian o nos impiden movernos. Ya sabes, esas que es necesario soltar, si queremos ser libres para ser las mujeres que estamos predestinadas a ser. Mientras pensaba, entendí que varias de esas cosas entraban en la amplia categoría de la actitud o la perspectiva general de la vida.

El primer grupo de ideas que vino a mi mente fueron los

pensamientos inquietantes, las preocupaciones continuas y los temores paralizantes. (Acababa de terminar de escribir un libro sobre cómo enfrentarse a los temores). Cuando nos pasamos el tiempo imaginando lo que podría salir mal, preocupándonos por lo que podría suceder, pensando qué hacer y planificando cómo sacar de apuros a todos y resolverlo todo... nos sentimos bastante desdichadas. Al vivir con toda esa presión y ese estrés, resulta difícil ser libres.

Entonces llega la negatividad que, en ocasiones, puede apoderarse de nosotras. La mentalidad quejumbrosa y lastimera del "pobre de mí".

El mundo ha creado la pegatina de una filosofía que afirma: "La vida es dura, y luego te mueres". Los cristianos la hemos adaptado y decimos: "La vida es dura (pero el sufrimiento es bueno para ti, ¡te hace santo!), y luego te mueres (y te vas al cielo)". Me recuerda al niño Calvin, de seis años, uno de mis personajes de historieta favorito que imita a su padre: "¡Calvin! ¡Ve a hacer algo que detestes hacer! ¡Ser desdichado forma el carácter![1]

¿Qué pasa, pues, si ahora somos desdichadas? Está bien, siempre que forme nuestro carácter, mientras nos haga santas, ¿verdad? Pero la santidad consiste en ser cada vez más semejantes a Jesús, quien tuvo absoluta confianza en la voluntad de Dios para su vida y para la nuestra. Él confió total y gozosamente en su Abba Padre, ¡y nos pidió que lo hiciéramos también!

Cuando estás convencida del carácter, la bondad, el poder y el amor de Dios —¡específicamente de su amor por ti!—, experimentas su gozo. Nehemías 8:10 dice que el gozo del Señor

---

1. Bill Watterson, *The Complete Calvin and Hobbes: Book Two* (Kansas City, MO: Andrews McMeel, 2005), p. 376.

es nuestra fortaleza. Ese gozo es nuestra forma de enfrentarnos a las pruebas y las tribulaciones de este mundo. J. Hudson Taylor, misionero en China, vio en Jesús tres clases de gozo: "Su gozo en rescatarnos, en habitar en nosotros como nuestro Salvador y nuestro poder para llevar fruto y poseernos como su Esposa y su deleite. La consciencia de este gozo es nuestra verdadera fortaleza. Nuestro gozo en Él podría fluctuar: Su gozo en nosotros es inmutable".[2]

Por tanto, saber lo gozoso que se siente Jesús por nosotras —independientemente de cómo nos sintamos hacia Él— nos da valor, confianza y fortaleza.

> *Jesús prometió tres cosas a sus discípulos: que serían totalmente audaces, absurdamente felices y que estarían en constantes problemas.*
>
> G. K. Chesterton

Parte de nuestro problema —razón que a veces dificulta nuestra felicidad— es que permitimos que nuestras circunstancias (o nuestra perspectiva sobre las circunstancias) dicten nuestros sentimientos. Hace poco encontré una historia que ilustra el poder de la perspectiva y de cómo, en realidad, esta solo viene con el tiempo.

> Un día, el único caballo de un pobre granjero chino se escapó. Cuando su vecino se enteró

2. Dr. y Mrs. Howard Taylor, *James Hudson Taylor: A Biography* (Londres: Hodder & Stoughton, 1997).

de la mala noticia, le dijo: "¡Qué mala suerte! Lo siento mucho".

Sin embargo, el granjero no se inmutó, solo dijo: "No sé si es mala suerte".

Después de unos días, el caballo regresó al establo y trajo consigo otro caballo semental. Cuando el vecino se enteró, le dijo al granjero: "Maravilloso. ¡Qué buena suerte!

El granjero le miró y dijo: "No sé si es buena suerte".

Al día siguiente, mientras el hijo único del granjero intentaba domar el semental, se cayó y se rompió una pierna. Cuando se enteró el vecino, le dijo al granjero: "¡Qué tragedia!".

A lo cual el granjero solo respondió: "No sé si es algo malo".

Poco después, se estalla la guerra y el emperador recluta a todos los jóvenes aptos para luchar. Solo el hijo del granjero se salva.[3]

Somos tan rápidas para sacar conclusiones... perfectamente lógicas, racionales o razonables, comprensibles. No obstante, desconocemos todos los detalles. No vemos la imagen panorámica. Solo Dios puede.

Tantas veces, lo que consideramos pruebas o tribulaciones, o incluso maldiciones, en realidad son bendiciones disfrazadas. Esto es así en las cosas grandes y en las pequeñas, las frustraciones corrientes y cotidianas. Mi amiga, la escritora y

3. Georgia Shaffer, *Avoiding the 12 Relationship Mistakes Women Make* (Eugene, OR: Harvest House, 2014), p. 89.

conferencista Carole Lewis dice: "Nuestra perspectiva sobre lo que atravesamos en un momento dado es fundamental para la persona en que nos convertiremos en última instancia".[4]

Ella explica:

> A veces parece que hay más momentos malos que buenos en la vida. El problema es que si no nos detenemos a analizar claramente nuestras percepciones de esas situaciones, muy pronto descubrimos que tenemos experiencias amargas y negativas todo el día. Al poco, esto ocurrirá todos los días, de cada año y de cada década. Una mañana nos despertamos y descubrimos que esas experiencias nos han transformado. Ya no son las situaciones las que son negativas, sino nosotras. Nos hemos convertido en personas amargadas, negativas. Y detestamos la persona en quien nos hemos convertido".[5]

La mayor parte de nuestra felicidad o desdicha depende de nuestra disposición y no de nuestras circunstancias. Llevamos una u otra semilla en nuestra mente a dondequiera que vamos.

Martha Washington

4. Carole Lewis, *A Thankful Heart: How an Attitude of Gratitude Brings Hope and Healing to Our Lives* (Ventura, CA: Regal Books, 2005), p. 21. Publicado en español por Editorial Vida con el título *Un corazón agradecido: Cómo la gratitud trae esperanza y sanidad a nuestra vida*.

5. *Íbid*, 10.

Carole está decidida a no permitir que esto le suceda a ella. De hecho, es una de las mujeres más positivas, optimistas y alegres que he conocido. Es un deleite pasar tiempo con ella. Solo cinco minutos a su lado te llenan de energía, motivación, aliento e inspiración.

Y es mucho más sorprendente cuando conoces su historia. Durante los primeros veinte o treinta años de su vida matrimonial, Carole y Johnny afrontaron los mismos retos que la mayoría de las personas: administrar una empresa, cuidar de su familia. Atravesaron algunas adversidades financieras y finalmente cayeron en bancarrota y perdieron su empresa. Fue duro, humillante, pero aprendieron mucho y lo superaron.

Luego, en 2001, un conductor ebrio sesgó la vida de Shari, su hija de treinta y nueve años (esposa y madre de tres hijas adolescentes), cuando se encontraba en el camino de entrada a la casa de sus suegros, el día de Acción de Gracias. En el 2007, el huracán Ike destruyó por completo su casa y arrasó con todas sus pertenencias, en la bahía de Galveston. En 1997, antes de perder a Shari y su casa, a Johnny le habían diagnosticado un cáncer en fase terminal, que se había propagado por todo su cuerpo. Le habían pronosticado menos de dos años de vida. Mientras escribo este libro, han transcurrido ya diecisiete años, un tiempo que, solo con el cáncer, ha sido una montaña rusa de quimioterapia, radiación y medicación, cirugías y tratamientos. Hubo altibajos, recaídas y recuperaciones milagrosas, seguidas de más altibajos, recaídas y recuperaciones milagrosas. Diecisiete años de agradecimiento por todos y cada uno de los días y recibiéndolos como un regalo, pero sin saber lo que revelarán la próxima cita médica, el siguiente análisis de sangre o el ultrasonido óseo, qué Navidad, qué cumpleaños o qué aniversario podría ser el último. Y mientras tanto, han llorado la muerte de su preciosa hija, han tratado de ayudar a su yerno a criar a sus nietas y han reconstruido su hogar.

Si alguien tiene motivos para estar en un estado constante de ansiedad, preocupación o estrés, es Carole. Si alguien tiene una razón para sentirse desdichada, estar amargada, o ser infeliz o para estar enojada… es Carole.

Sin embargo, Carole aún tiene razones para gozarse, porque está absolutamente convencida —como yo (¡y espero que tú también!)— que Dios es bueno y soberano, y que tiene el control de todo lo que nos pasa. Que nada escapa a su conocimiento y su poder. Todo lo que nos ocurre tiene que pasar primero por sus manos. Él puede hacer que todas las cosas —*todas*— cooperen para nuestro bien (Ro. 8:28).[6]

Escucha lo que Él dice:

> "No temas, porque yo te redimí; te puse nombre, mío eres tú" (Is. 43:1).
>
> "Porque yo sé los pensamientos que tengo acerca de vosotros, dice Jehová, pensamientos de paz, y no de mal, para daros el fin que esperáis" (Jer. 29:11).
>
> "No te desampararé, ni te dejaré" (He. 13:5).

---

6. No mucho después de escribir este capítulo, el día después de su quincuagésimo quinto aniversario, Johnny partió con el Señor. Recientemente, Carole le comentó a sus amigos y familiares: "Estoy bien y confío que Jesús es todo lo que Él prometió que sería. Él es suficiente y lo amo cada día más".

En cualquier cosa que surja en nuestro camino, sabemos que hay un propósito; no es algo inútil ni carente de sentido; no es accidental ni ocurrió "por casualidad". Hay un plan, una salida o una manera de abrirse camino. Y también hay una oportunidad de lograr algo, de dar algo, de crecer algo, y siempre —*siempre*— una manera de dar la gloria a Dios.

¿Cómo hacemos esto? "Estad siempre gozosos. Orad sin cesar. Dad gracias en todo, porque esta es la voluntad de Dios para con vosotros en Cristo Jesús" (1 Ts. 5:16-18).

Todas nuestras dificultades no son más que plataformas para la manifestación de la gracia, el poder y el amor de Dios.

Hudson Taylor

Aferrarse a la preocupación, la negatividad y la desdicha solo hace que la vida sea más difícil de lo que es, de lo que tiene que ser. De un grano de arena hace una montaña, y convierte las montañas reales en monstruosidades. Y hace que nos perdamos lo mejor de la vida.

Con demasiada frecuencia permitimos que la preocupación, la negatividad y la desdicha nos roben nuestra capacidad de ser las mujeres que Dios diseñó, y la capacidad de experimentar su presencia, así como la vida que nos da en abundancia. Nos impide aceptar retos, aventuras, oportunidades que serían muy importantes, gratificantes y satisfactorias.

Jesús nos está llamando, pero a veces estamos tan llenas de dudas y temor que ni siquiera podemos mirar por encima del borde del barco, ¡y mucho menos salir de ella! ¿Recuerdas la escena de Mateo 14:22-33, cuando Jesús fue a sus discípulos caminando sobre el mar? Al principio se aterrorizaron. ¡Pensaron que estaban viendo un fantasma!

Pero Jesús les dijo: "¡Tened ánimo; yo soy, no temáis!".

En todo caso, así se traduce en un correcto castellano. Pero si estudias los comentarios del texto bíblico, verás que en realidad lo que estaba diciendo era: "¡Tened ánimo; YO SOY!". Como en: "YO SOY EL QUE SOY". Es el nombre que Dios le dio a Moisés en la zarza ardiente. El Eterno, el que vive para siempre, el que fue, que es y que ha de venir (ver Éx. 3:18, Dt. 33:27 y Ap. 1:8).

Cuando entiendes que Él es Aquel con el que hablas, al que llamas amigo (o el que te llama amiga), ¿cómo puedes volver a tener miedo de algo?

Pedro responde: "Señor, si eres tú, manda que yo vaya a ti sobre las aguas".

Jesús simplemente le dijo: "¡Ven!".

Una vez escuché predicar a un pastor sobre este pasaje y señaló que Jesús siempre proporciona todo el poder, la capacidad, la gracia y la fortaleza que necesitamos para llevar a cabo todo aquello que nos pida. Es inherente al mandato. De modo que cuando nos pida que hagamos algo, no tenemos por que preguntarnos *si* seremos capaces. Sabemos que sí, aunque signifique caminar sobre el agua.

Meditando en esto, imaginé a mi sobrino Timmy, de cinco años: ¡el amor de mi vida, la niña de mis ojos! Nos encanta hacer proyectos de arte juntos. Yo fui maestra, de modo que puedes creerme cuando digo que Timmy es un niño extraordinariamente guapo y talentoso y de una inteligencia excepcional. ¡Posee una personalidad fantástica!

Tiene una graciosa peculiaridad: cada vez que se enfrenta a un nuevo reto u oportunidad, Timmy responde con estas dos palabras: "No puedo".

¡Es tans absurdo! Le encanta aprender, jugar y crear, pero antes de que le entregue las tijeras, el pegamento o la pintura, ya me está diciendo que no puede hacer lo que estoy a punto de pedirle. Ni siquiera lo ha intentado. La mayoría de las veces ni siquiera sabe qué es. No importa.

"No puedo".

Es como un reflejo automático.

No tengo del todo claro cuál es la raíz de ese comportamiento. Podría ser falta de confianza, inseguridad, temor al fracaso (¡Vaya si empieza pronto!, ¿verdad?). Quizás haya heredado algo del perfeccionismo de la tía: "Si creo que no lo puedo hacer perfecto la primera vez, ni si quiera lo intento". O algo del papá... a ver... podría ser su perspectiva general de la vida. (Por eso solíamos llamar a mi hermano Ígor). A veces es pereza. "¡Parece laborioso! No me apetece ese esfuerzo...".

De cualquier modo, mi respuesta siempre es la misma: "¡Sí que puedes... mira!".

Hay tres puntos importantes en cada proyecto que le propongo a Timmy:

- **Lo elegí específicamente para él**. Lo preparé de antemano. Tenía un plan y un propósito en mente. Antes de presentárselo sabía que era totalmente capaz de realizar la tarea *o* (al ser maestra) sabía que necesitaba aprender esa técnica en particular y que esa es la manera de hacerlo.

- **Ya lo he capacitado.** Lo he preparado con otros proyectos que hemos hecho juntos. Y le he proporcionado todo el material y las herramientas necesarias, porque quiero que lo logre.
- **No me voy a ningún lado.** Estaré allí, junto a él, dispuesta a ayudarlo en cada paso del proyecto.

La mayoría de las veces, después de uno o dos "no puedo", Timmy descubre gozoso que sí puede, ¡y así forjamos recuerdos, a la vez que realizamos complicados proyectos de arte juntos! No obstante, en ocasiones, persisten los "no puedo". Se vuelve terco, quejoso o llorón. El temor o la inseguridad podrían ser la raíz de su actitud... quizás sea pereza o incluso desobediencia.

Es entonces cuando sonrío y digo —con amor, dulzura y firmeza—, con mi mejor tono de maestra: "*Puedes...* ¡y *lo harás*!".

Y lo hace.

Volviendo a Pedro y la barca, tal vez Jesús te ha llamado, como a mí, a salir de la barca en ciertos ámbitos de nuestra vida. Baja del barco en obediencia y fe. Francamente, ¡algunas de las cosas que Él me llama a hacer me asustan! De repente me invaden el temor, la ansiedad, la inseguridad o la duda. Otras cosas parecen requerir demasiado esfuerzo y trabajo.

Empiezo a levantar mi pie. Hasta podría pasar del otro lado de la barca. Pero, entonces, me doy la vuelta.

"No puedo... no puedo hacerlo... de veras... no puedo".

Pero Jesús me recuerda que Él ha escogido y preparado de forma especial cada tarea que me encomienda. Sabe que soy capaz... o que tengo que serlo. Él me ha dotado de todo lo necesario. Y está allí mismo, junto a mí, dispuesto a ayudarme en cada paso del camino.

Igual que yo estoy con Timmy.

En esos días —cuando siento que retrocedo, y me oigo decir "no puedo"— es como si Jesús levantara suavemente mi barbilla con sus dedos y me obligara a mirarlo a los ojos, mientras me responde con amor y firmeza:

"Sí *puedes*. ¡Y *lo harás*!".

Por supuesto, Él tiene razón.

Tengo que soltar mis preocupaciones, mis dudas, mis inseguridades y mis temores. Soltar mi negatividad.

Puedo, y lo haré

Y lo hago.

Porque no quiero perder jamás la oportunidad, la experiencia, la aventura, la bendición —ese tiempo con Él— por culpa de una mala actitud.

Estudio bíblico

1. Si te entregaran un boletín de calificaciones sobre tu actitud, cuál sería tu nota media:

☐ Excelente ☐ Buena
☐ Satisfactoria ☐ Necesita mejorar

¿En qué ámbitos tienes más problemas?

☐ Preocupación/angustia/temor
☐ Queja/rezongo
☐ Esperar/Creer lo peor

¿Cómo podría estar perjudicándote o frenándote?

2. A veces viene bien recordar lo lejos que hemos llegado, algunas de las cosas sorprendentes e "imposibles" que Dios ya ha hecho en y a través de nosotras. Menciona algo que hayas logrado —por la gracia de Dios— que nunca pensaste poder hacer.

3. Busca cada uno de los siguientes versículos y anota lo que aprendiste de cada uno sobre la voluntad de Dios —su deseo— para nosotras:

a) 2 Timoteo 1:7

b) Filipenses 4:4-7

c) Filipenses 2:14-15

d) Filipenses 4:12-13

e) Filipenses 4:8

4. Elige uno de los siguientes versículos (o uno mencionado en este capítulo), memorízalo y medita en él durante la semana:

Salmos 23
Hebreos 11:1
1 Pedro 5:7
Hebreos 11:6
Mateo 6:34
Lucas 18:27
Mateo 6:33
Mateo 17:20

5. Anota en tu diario cualquier otro pensamiento o reflexión.

Capítulo diez

Aférrate al gozo

Sorprenderse de alegría es lo más maravilloso, recordar que tu corazón bombea sangre a todo tu cuerpo, que tus ojos están abiertos a todo lo que sucede en el mundo y en tu vida, y dar gracias.

Bono

Cuando era jovencita, leía muchas historias de mujeres valientes que habían triunfado sobre la adversidad, mujeres normales y corrientes, cuya fe se había forjado en el crisol del sufrimiento y la aflicción. Había algo tan bello en eso, tan noble. Aunque no lo habría podido expresar entonces, comprendía que aquellas mujeres tenían una fortaleza de carácter y una profundidad espiritual que yo anhelaba. Aun sabiendo que era absurdo incluso pensarlo, a veces deseaba en secreto que algo terrible me aconteciera (como quedar paralizada o perder la vista), para poder ser una de esas mujeres.

Imagina mi sorpresa cuando —mucho después de superar esa etapa— tuve mi propia experiencia de sufrimiento y aflicción (más de lo que esperaba), incluso algunos problemas de salud que, en aquella época, me confinaron a una cama durante varios meses y me dejaron un dolor crónico. ¿Y sabes qué? No me sentí nada honorable.

No me hizo profunda ni espiritual, sino que me puso de muy mal humor. Estaba realmente malhumorada, irritable, frustrada, exasperada e impaciente. Me hizo ver aspectos de mi personalidad cuya existencia desconocía: mi predisposición a quejarme, rezongar, lloriquear, mi lado egoísta y terco.

En vez de llenarme de fe, caí de cabeza en el desaliento y la desesperación. A veces, sentía que cada nueva herida o adversidad era una prueba más de que en realidad Dios no me amaba, que me había rechazado o desamparado. Estaba herida. Estaba enojada.

Mis padres pensaban que mis berrinches eran terribles cuando tenía dos años. No eran nada comparados a los que Jesús ha visto desde entonces. Me llevó tiempo tratar con todo eso. Pero Jesús es paciente, tierno y bueno. Ahora sé que Él me ama. Estoy absolutamente convencida de ello. Creo en lo más profundo de mi ser que me ha escogido y no me ha rechazado (Is. 41:9). Que nunca me desamparará ni me dejará (He. 13:5; Mt. 28:20). Sé que puedo confiar en Él y en su soberanía, descansar en su voluntad para mí. Puedo estar quieta (Sal. 46:10).

No obstante, recientemente me di cuenta de que "estar quieta" no es suficiente para mí. Es decir, me alegro de no tener más berrinches, pero he descubierto que —a veces— lo único que significa es que estoy sufriendo en silencio. Me guardo todo el dolor, la frustración y la decepción y trato de ignorar el sufrimiento. Simulo que no existen o que no importan.

Sin querer, he adoptado el tipo de mentalidad de "haz de

tripas corazón y afróntalo", un estoicismo espiritual. Una resignación que dista mucho de la aceptación gozosa. La irritabilidad es lo que me da una pista. El gesto de disgusto que siento en mi rostro. El mal humor o el enfado en general me indican que a mi corazón le queda aún trabajo por hacer.

Siempre vuelvo a este pequeño poema del clásico devocional *Manantiales en el desierto*. Habla de la diferencia entre el estoicismo y estar quieta, entre estar quieta por fuera y descansar verdaderamente en Él.

> Estaré quieto, murmuró débilmente mi corazón
> atribulado,
> cuando por mí pasaba una aplastante carga de dolor;
> mis palabras, mis gemidos y mi lamento fueron
> sofocados;
> impedí que mis lágrimas mostraran mi aflicción.
>
> Estaré quieto, aunque no pueda verlo,
> el amor que desnuda el alma y aviva el fuego del dolor;
> que del solaz se lleva la última y dulce gota,
> rompe la cuerda solitaria del arpa y apaga la canción.
>
> Pero Dios es amor, así que estaré quieto,
> no dudaremos, alma mía, estemos quietos,
> esperaremos hasta que Él nos levante....
> Sí, el tiempo necesario, cuando sea su voluntad.
>
> Y oí con atención de mi corazón la fiel promesa,
> y temblé, luchando para estar en paz;

y levanté los ojos sin lágrimas al cielo,
siempre repitiendo: "Si, Cristo, cumple tu voluntad".

Pero pronto mi corazón habló bajo el peso de mi carga,
reprendió mis labios tensos, mi rostro lleno de ansiedad:
"Podemos hacer más que esto, oh alma mía", susurró a mi oído.
"Podemos hacer más que estar quietos", ¡nos podemos alegrar![1]

El gozo no es algo que nos suceda así porque sí. Tenemos que elegir el gozo y seguir eligiéndolo cada día.

Henri Nouwen

Como ves, una cosa es soltar la preocupación, la negatividad y la desdicha, dejar de quejarse, de rezongar, de lloriquear, y decidir no tener una mala actitud. Otra distinta es acepar alegremente la voluntad de Dios para nuestra vida —cualquiera que sea— en absoluta confianza, fe y seguridad en nuestro Padre celestial. Escoger tener una *buena* actitud. Elegir el *gozo.*

Eso es lo que quiero; lo que creo que Jesús quiere para mí. Y para ti.

1. L. B. Cowman, *Streams in the Desert,* edición actualizada, ed. James Reimann (Grand Rapids, MI: Zondervan, 1997), 20 de marzo. Publicado en español por Editorial Mundo Hispano con el título *Manantiales en el desierto.*

Algunas veces es mucho más fácil que otras, y parece que a algunas les resulta más fácil que a otras. Pero con un poco de práctica, esfuerzo y determinación, todas podemos hacerlo. Antes de que te des cuenta, será parte de ti.

¿Sabías que la risa o la alegría es uno de los atributos de la mujer idealizada de Proverbios 31? Proverbios 31:25 dice que ella se ríe de lo por venir: no se preocupa ni tiene miedo; está alegre y confiada sobre el futuro. Porque sabe quién dispone su futuro. Ella ha hecho todo lo que puede. En las manos de Dios están sus tiempos (Sal. 31:15).

El salmista repitió una y otra vez que con su amor por nosotros, con todas las cosas maravillosas que ha hecho en nuestro favor, Dios nos ha llenado de gozo y risa, y nos ha hecho estar alegres. ¡Simplemente debemos aferrarnos a ese gozo!

Mi mejor amiga tiene un imán en la puerta de su refrigerador con una historieta ilustrada de dos mujeres ancianas, una de ellas con el diablo caído a sus pies con cara de aturdido. Evidentemente, ella acaba de darle un golpe en la cabeza con su enorme bolso de mano, y le está explicando a su amiga: "¡Intentó robarme el gozo!". Creo que lo único que trato de decir en este capítulo es: ¡Señoras, no tenemos nada de eso!

A continuación encontrarás algunas maneras excelentes de aferrarse fuerte al gozo del Señor.

No expongas a tu espíritu al "enojambriento". ¿Has escuchado esa palabra? Es una combinación de enojado y hambriento. Si la buscas en Google, verás que se define (cómicamente) como un "estado de enojo causado por la falta de alimento; fuertes sentimientos de molestia, disgusto o agresividad causados por el hambre". Por lo general, se refiere al hambre por hacer dieta o por saltearse accidentalmente una comida o dos. Es verdad: cuando tu cuerpo está hambriento, esa disminución del nivel de azúcar en sangre puede hacer que te sientas cansada e irritable, y hasta llegar a provocar un arrebato emocional. Lo mismo sucede cuando tu espíritu está hambriento, cuando no lo has alimentado.

Nutrimos nuestro espíritu cuando pasamos tiempo con Jesús. En su presencia hay "plenitud de gozo" (Sal. 16:11). Me encanta cómo lo describe Emily Freeman:

> El Espíritu de Dios mora en nosotros en la medida que permitimos que su Palabra more abundantemente en nosotros. No es tan solo permanecer en Cristo, sino permitirle a Él que permanezca en ti. No se trata de memorizar las Escrituras y asistir a estudios bíblicos, sino de permitir que Jesucristo habite en ti, no como tímido invitado, sino como generoso proveedor, el sostén de la familia, el respetado cabeza del hogar, el anfitrión. Él no se sienta a tu mesa, débil y frágil, esperando que lo alimentes cuando leas la Biblia y ores. Él preside con firmeza y su gracia llena tu plato con todo lo que Él es. Él nos premia con una herencia piadosa. Las riquezas del fruto de su Espíritu están disponibles para nosotros en abundancia".[2]

---

2. Emily P. Freeman, *Grace for the Good Girl* (Grand Rapids, MI: Revell, 2011), p. 137.

¡El fruto de su Espíritu, incluido el gozo! Desde un punto de vista práctico, hay ciento una maneras de conectarse con Él y ser alimentado a lo largo del día. Sí, y esto incluye concentrarse a solas con Él, tu tiempo de relax o tus devocionales. Pero considera también el tiempo que pasas hablando con Él mientras desyerbas el jardín, lavas los platos o sales a dar unas cuantas vueltas por el vecindario. El tiempo que pasas en la iglesia, y en los grupos reducidos de estudio bíblico, o en reuniones informales con tus amigas que oran contigo y te animan en el Señor. El tiempo que dedicas a los ministerios en los que participas: en el banco de alimentos, con el coro o con los jóvenes. La alabanza, la adoración, las predicaciones y las enseñanzas que escuchas en tu reproductor de audio digital o en el auto. Los libros y las revistas que lees. Los versículos bíblicos que tienes por toda la casa. Los correos electrónicos, las publicaciones de Facebook y los videos de inspiración. Tu diario donde expresas tu gratitud antes de irte a dormir. Todo cuenta. Todo ayuda. ¡Todo alimenta tu espíritu y te ayuda a aferrarte al gozo!

Guarda tu mente y tu corazón. Una cosa es estar informada de lo que sucede en el mundo: saber que hay personas en extrema necesidad, sentir compasión por ellas y tener el impulso de ayudar por amor a Cristo. (Ver la siguiente sugerencia). Otra cosa es dejar que te inunden la preocupación, el temor o el estrés, la desesperanza o la depresión, la envidia, los celos o la rivalidad, el enojo, el odio, la animosidad o la agresión por las cosas que lees en Internet, ves en la televisión o escuchas de tus amigas. Ahora, más que nunca, muchas voces gritan para llamar tu atención e insisten en que debes escucharlas si no...

Sin embargo, Proverbios 4:23 nos advierte: "Sobre toda cosa guardada, guarda tu corazón; porque de él mana la vida". La Nueva Traducción Viviente dice: "Sobre todas las cosas cuida tu corazón, porque este determina el rumbo de tu vida". Si quieres aferrarte al gozo, tendrás que poner ciertos límites, ciertas restricciones. Hay cosas que tendrás que decidir no mirar, no leer, no escuchar. Tal vez hasta tengas que escoger no pasar demasiado tiempo con algunas personas. Tus límites son, posiblemente, diferentes a los míos. Y podrían ser distintos en las variadas etapas de tu vida. Usa el discernimiento que Dios te ha dado para determinar qué es mejor para ti.

Sustituye las influencias negativas por otras positivas. Busca libros, películas, revistas, tiras cómicas y refranes sabios, que sean graciosos, inspiradores o edificantes. Escucha música alegre (de cualquier estilo). Busca cosas que te hagan sonreír, que te hagan reír, y mantente rodeada de ellas. La vida es dura, pero no tienes por qué ser desdichada. No *pierdes* puntos por buscar fuentes de gozo mientras "sufres por Cristo". ¡Ganas!

Dios se complace cada vez que te regocijas o ríes con todo tu corazón.

Martín Lutero

Alivia la carga de otro. Lo creas o no, una de las mejores formas de aferrarte al gozo es compartirlo con otro. Busca a una persona que necesite gozo y amor, que necesite reírse, recibir aliento, motivación o inspiración, ¡y dale lo que necesite!

Busca a una persona herida, que esté luchando o sufriendo, y ayúdala. Consuélala. Atiéndela.

Envíale un pequeño regalo, una nota, un correo electrónico o un mensaje de texto. Llévala a almorzar o al cine; salgan a pasear o den una vuelta por las ventas de garaje. Llévala al médico o al dentista en tu auto. Hazle una comida o lávale algunas tandas de ropa; ayúdala con un proyecto del hogar que no haya podido completar. Lo que necesite... pregúntale en qué la puedes ayudar, pero hazle algunas sugerencias para que sepa qué puedes o estás dispuesta a hacer. Sé las manos y los pies de Jesús; al actuar así, su gozo fluirá a través de ti.

Mantén tus ojos puestos en el premio (Fil. 3:14). Recuerda quién eres. Recuerda para Quién y por qué vives. ¡Gran parte de lo que nos frustra, nos irrita y nos enoja, de lo que nos preocupa y nos estresa, de lo que amenaza con robarnos el gozo es, en realidad, tan secundario, trivial, inconsecuente, pequeño y temporal comparado con la eternidad, a la luz de lo que importa real y verdaderamente!

Hasta lo que parece tan enorme, imposible y abrumador palidece en comparación.

Esta es la verdad, según el apóstol Pablo:

> ... estamos atribulados en todo, mas no angustiados; en apuros, mas no desesperados; perseguidos, mas no desamparados; derribados, pero no destruidos... Por tanto, no desmayamos; antes aunque este nuestro hombre exterior se va desgastando, el interior no obstante se renueva de día en día. Porque esta leve tribulación momentánea produce en

> nosotros un cada vez más excelente y eterno peso de gloria; no mirando nosotros las cosas que se ven, sino las que no se ven; pues las cosas que se ven son temporales, pero las que no se ven son eternas (2 Co. 4:8-9, 16-18).

Hay dos maneras de salir de una prueba. Una es tratar simplemente de librarnos de ella y sentirnos agradecidos cuando haya pasado. La otra es reconocer que es un reto de Dios para que reclamemos una bendición mayor de la que hasta ahora hemos tenido, y para que la recibamos con gozo como la oportunidad de obtener una medida mayor de gracia divina.

A. B. Simpson

Hace años, mi papá me contó por primera vez una versión de esta historia.

Dos niñas —hermanas— se alegraron al enterarse de que pasarían el verano con sus abuelos en la granja familiar, en una zona rural. ¡Cuánto aire fresco, sol y diversión! La abuela les había prometido que podrían ayudarla a plantar flores en su jardín, que les enseñaría a hornear sus famosísimos pasteles hojaldrados. Tras convencer con zalamerías al abuelo, este les prometió que lo ayudarían con los animales, ¡como verdaderas granjeras!

Sin embargo, el día que las dejó ir a trabajar con él no fue como esperaban. ¡Mantener una granja y cuidar de los animales es trabajo duro! Por la mañana, tempranísimo, ya estaban en el granero, frente a una montaña de... bueno... excrementos. El abuelo le dio una pala a cada una y les explicó dónde tenía que ir todo aquello. Justo en ese momento, lo llamaron para ir a otra parte de la granja... una especie de emergencia con una de las vacas.

La primera hermana clavó su mirada en el gran montón maloliente y estalló en lágrimas. Había querido ser una verdadera granjera ¡pero no si tenía que hacer aquello!

"No es justo... es demasiado duro... ¡No quiero hacer eso!" —dijo llorando, mientras regresaba corriendo a la casa y se refugiaba en los brazos de la abuela.

Cuatro horas después, el abuelo volvió al granero, y se asombró al encontrar a la segunda hermana trabajando sin parar en la montaña de estiércol. Estaba toda sucia y tenía las manitas cubiertas de llagas. Pero sonreía, y hasta tarareaba una alegre cancioncilla.

Cuando él le preguntó por qué seguía allí trabajando tan duro —cómo era que no se había aburrido, cómo no había desistido y regresado corriendo a casa con un buen berrinche, igual que su hermana—, ella dijo: "¡Bueno, con todo este excremento, debe de haber un poni por algún lado!".

No sé tú, pero yo he estado frente a mucho estiércol últimamente. Cosas en el hogar, en el trabajo, en la iglesia. Asuntos de finanzas y de salud, de amistades y familiares. Cosas grandes y pequeñas. Algunas de ellas solo molestas o frustrantes, otras decepcionantes y hasta desgarradoras.

Sería fácil perder la perspectiva. Podría llevarme una rabieta o llorar a mares. O quizás sentarme en silencio en un rincón, temblorosa por el esfuerzo de tragármelo todo. He pasado por ello. No me gustó adonde me condujo o, para ser más exacta, donde *no* me llevó.

Sin embargo, ¡he decidido mantener los ojos fijos en el poni! Así es como me estoy aferrando al gozo. Estoy buscando los dones, las bendiciones, las oportunidades en medio de todo ello, porque Dios promete que todas estas cosas están realmente ahí. Y nos hacen aprender y crecer, y hay que celebrarlas y estar agradecidas por ellas. Estas cosas me señalan a Cristo y me ayudan a depender de Él. Las voy añadiendo a una lista en mi diario, y está llena a rebosar.

Y tengo un pequeño poni violeta en mi escritorio para recordarme de que no permita que el estiércol se lleve lo mejor de mí. Me enfrentaré con alegría —con gozo— a todo lo que se interponga hoy en mi camino, pala en mano, lista para ponerme a trabajar. Sé que en algún lugar hay un poni, ¡y desde ahora te digo que ese poni es mío!

Estudio bíblico

1 ¿Puedes pensar en algunos "ponis" —bendiciones inesperadas en medio de las pruebas y tribulaciones— que Dios ha traído a tu vida? ¿Qué cosas buenas han derivado de los momentos difíciles a los que te has enfrentado?

2. Busca cada uno de los versículos siguientes y responde a las preguntas:

a) Según Hebreos 12:2, ¿por qué soportó Jesús el sufrimiento que experimentó en la cruz?

b) En Lucas 10:21, los discípulos acababan de regresar de su primer viaje misionero, y estaban entusiasmados por todas las cosas asombrosas aprendidas. ¿Cómo se sintió Jesús?

c) En Juan 15:11, ¿qué quería Jesús que experimentáramos?

d) En Juan 10:10, ¿por qué (o con qué propósito) dijo Jesús que había venido?

Diferentes versiones usan las palabras "en abundancia", "plena y abundante", "para que la vivan plenamente".

3. En general, ¿describe este pasaje de Juan 10:10 tu vida hoy? Si no, ¿por qué? ¿Qué debería cambiar? ¿Qué podrías cambiar tú misma?

4. Elige uno de los siguientes versículos (o uno mencionado en este capítulo), memorízalo y medita en él durante la semana:

Salmos 16:11
1 Tesalonicenses 5:16-18
Salmos 28:7
Efesios 5:19b-20
Santiago 1:2
Colosenses 3:16
Santiago 1:12
1 Pedro 5:10

5. Anota en tu diario cualquier otro pensamiento o reflexión.

Capítulo once

Deja atrás las pequeñeces

Cuando veo el elaborado análisis y el ingenio de las mujeres en la búsqueda de pequeñeces, no tengo dudas de su capacidad para las tareas más gigantescas.

Julia Ward Howe

El título de este capítulo proviene de un himno escrito a principios del siglo XX. Solo le hice una pequeña adaptación:

> ¡Levántense, *mujeres* de Dios!
> Dejen atrás las cosas menores;
> con mente, alma, fuerza y corazón
> para servir al Rey de reyes.[1]

Las estrofas que siguen hablan de lo largos y sombríos que se hacen los días y Jesús tiene que regresar aún (aunque debe de ser pronto); ¡quedan todavía tantas batallas que pelear y ganar! Tantas obras que realizar para el reino; no son tareas

1. William P. Merrill, "*Rise Up, O Men of God,*" dominio público, 1911. Traducción libre.

libran esas batallas. Tenemos nuestras propias debilidades particulares.

"La tentación viene de nuestros propios deseos, los cuales nos seducen y nos arrastran. De esos deseos nacen los actos pecaminosos, y el pecado, cuando se deja crecer, da a luz la muerte" (Stg. 1:14-15, NTV). Si decidimos continuamente no batallar —si nos rendimos y cedemos—, seguiremos agobiadas por la culpa, la vergüenza y el remordimiento. Podemos pasarnos todo el tiempo tratando de soltar la culpa, o podemos dedicar al menos parte del tiempo a pensar en cómo *no* ceder al pecado en primer lugar. Tal vez ya sea hora.

"Dios bendice a los que soportan con paciencia las pruebas y las tentaciones, porque después de superarlas, recibirán la corona de vida que Dios ha prometido a quienes lo aman" (Stg. 1:12, NTV). Tal vez haya llegado el momento de confrontar algunas de estas cuestiones, de llamarlas por su nombre y hacerles frente sin rodeos. Y, por la gracia de Dios y con sus fuerzas, encontrar una manera de vencerlas.

> Porque la gracia de Dios se ha manifestado para salvación a todos los hombres, enseñándonos que, renunciando a la impiedad y a los deseos mundanos, vivamos en este siglo sobria, justa y piadosamente, aguardando la esperanza bienaventurada y la manifestación gloriosa de nuestro gran Dios y Salvador Jesucristo, quien se dio a sí mismo por nosotros para redimirnos de toda iniquidad y purificar para sí un pueblo propio, celoso de buenas obras (Tit. 2:11-14).

La razón por la que muchos pierden la batalla es porque esperan hasta la hora misma de la batalla. Otros triunfan, porque han ganado la victoria de rodillas mucho antes de producirse el enfrentamiento... Adelántate a tus batallas; peléalas de rodillas antes de que llegue la tentación, y siempre saldrás vencedor.

R. A. Torrey

Si no hacemos frente a estas cuestiones, podríamos perder demasiado de nuestro preciado tiempo en pequeñeces, perdernos nuestro verdadero llamado. "Os ruego que andéis como es digno de la vocación con que fuisteis llamados" (Ef. 4:1). Una y otra vez, las Escrituras nos recuerdan la importancia de no desperdiciar nuestra vida. Se supone que los años que Dios nos ha dado no deben carecer de sentido ni de significado. Dios nos creó con un propósito, una razón, y por esta misma razón Jesús murió y nos salvó.

Todos compartimos un propósito eterno: "glorificar a Dios y deleitarse en Él para siempre",[2] y es un pensamiento asombroso. Literalmente, es imponente en sí mismo.

No obstante, también está el propósito único e individual para el que Dios nos ha creado a cada una. Como exclamó el salmista:

2. Extraído del *Catecismo menor de Westminster*: Q. 1. ¿Cuál es el fin principal del hombre? A. El fin principal del hombre es glorificar a Dios, [a] y gozar de Él para siempre. [b] ~ [a]. Sal. 86:9; Is. 60:21; Ro. 11:36; 1 Co. 6:20; 10:31; Ap. 4:11 [b]. Sal. 16:5-11; 144:15; Is. 12:2; Lc. 2:10; Fil. 4:4; Ap. 21:3-4.

> Oh Jehová, tú me has examinado y conocido.
> Tú has conocido mi sentarme y mi levantarme;
> Has entendido desde lejos mis pensamientos.
> Has escudriñado mi andar y mi reposo,
> Y todos mis caminos te son conocidos.
> Pues aún no está la palabra en mi lengua,
> Y he aquí, oh Jehová, tú la sabes toda…
>
> Porque tú formaste mis entrañas;
> Tú me hiciste en el vientre de mi madre.
> Te alabaré; porque formidables, maravillosas son tus obras;
> Estoy maravillado,
> Y mi alma lo sabe muy bien.
>
> No fue encubierto de ti mi cuerpo,
> Bien que en oculto fui formado,
> Y entretejido en lo más profundo de la tierra.
> Mi embrión vieron tus ojos,
> Y en tu libro estaban escritas todas aquellas cosas
> Que fueron luego formadas,
> Sin faltar una de ellas.
> (Sal. 139:1-4, 13-16)

Henri Nouwen señala: "Rara vez tenemos plena consciencia de haber sido enviados para realizar tareas encomendadas por Dios. Actuamos como si nos hubieran soltado simplemente en la creación y tuviéramos que decidir entretenernos hasta que muramos. Sin embargo, Dios nos envió al mundo, igual que a

Jesús. Una vez empecemos a vivir con esa convicción, pronto sabremos qué nos envió a hacer".[3]

La Biblia afirma que vivimos en un mundo devastado por la guerra. A nuestro alrededor ruge la batalla espiritual entre los ejércitos de Dios y las fuerzas de las tinieblas. Esta lucha invisible se desarrolla en las "regiones celestes". Y, nos demos cuenta o no, somos parte de ella. De hecho, estamos justo en medio de ella, pero no como meros espectadores indefensos e inocentes. Cada una de nosotras es una guerrera de una de las partes.

Como C. S. Lewis señaló: "No hay terreno neutral en el universo: Dios reclama cada centímetro cuadrado, cada instante, y Satanás hace su contrademanda".[4] Dios nos ha escogido. "El cual [Dios] nos ha librado de la potestad de las tinieblas, y trasladado al reino de su amado Hijo, en quien tenemos redención por su sangre, el perdón de pecados" (Col. 1:13-14).

Y ahora, Él nos ha llamado a esta batalla, a esta pelea. Cualquiera que sea nuestra misión, nuestro rol, todas necesitamos al menos cuatro cosas que todas tenemos que hacer.

Primero, necesitamos una visión, una comprensión de nuestro llamado. Necesitamos buscar a Dios por su plan y propósito específicos para nosotras: aquello para lo que nos ha creado. Y tenemos que seguir buscándolo sobre todo cuando

---

3. Henri J. M. Nouwen, *Bread for the Journey: A Daybook of Wisdom and Faith* (New York: HarperOne, 1994), 23 de abril. Publicado en español por Editorial Obelisco con el título *Pan para el viaje: una guía de sabiduría y de fe para cada día del año.*

4. C. S. Lewis. *Christian Reflections.* (Grand Rapids: Wm. B. Eerdmans, 1967), p. 33.

sentimos que una etapa de nuestra vida está cambiando. No es que su plan para nosotras cambie, sino que nuestro entendimiento (a veces) sí lo hace conforme pasamos a nuevos lugares de nuestro trayecto. En otras palabras, he descubierto que Dios suele darnos una percepción global de nuestra misión, pasión, causa o razón, y esto es de suma ayuda para determinar nuestra dirección global, para controlar unas cosas y descartar muchas otras. Pero el significado de vivir esa misión día a día es algo que nos suele revelar paso a paso. De modo que recurrimos a Él —y seguimos contando con él— para que nos dirija día tras día.

A continuación, necesitamos orientación para saber —si acaso— qué podemos hacer para informarnos o prepararnos mejor para las tareas que tenemos por delante. A menudo descubrimos que Dios mismo nos ha estado preparando desde el principio. Nuestro trasfondo, nuestra personalidad, nuestras experiencias de vida, nuestras habilidades y nuestros talentos, nuestros intereses especiales, ¡todo esto se junta para convertirnos en la persona perfecta para el trabajo!

Por otra parte, Dios hace que nos esforcemos, poniéndonos en una postura en la que nos sentimos completamente descalificadas. Esto significa que tenemos que apoyarnos mucho de Él, y averiguar rápidamente qué cosas necesitamos aprender, qué habilidades hemos de adquirir, qué dones tenemos que desarrollar para servir mejor en nuestro llamado y a nuestro Creador.

Necesitamos, asimismo, la disposición de hacer los sacrificios necesarios para responder al llamado de Dios, y

una orientación sobre cuáles son esos sacrificios. ¿Cómo podemos poner a disposición de Dios más de nuestro tiempo, de nuestras energías y de nuestros recursos? Cuando consideramos nuestros compromisos, nuestras responsabilidades y actividades actuales, ¿a qué debemos aferrarnos y qué debemos soltar?

> *Si lees la historia, descubrirás que los cristianos que más hicieron por el mundo presente fueron precisamente aquellos que más pensaron en el venidero. Desde que los cristianos han dejado de pensar, en gran medida, en el otro mundo, se han vuelto tan ineficaces en este.*
>
> C. S. Lewis

Una cosa que necesitamos de forma especial es valor, una audacia santa. En una canción llamada "Corre a la batalla", el compositor cristiano Steve Camp dice: "Algunas personas quieren vivir cerca del sonido de las campanas de una iglesia, pero yo quiero dirigir una misión a un metro de las puertas del infierno".[5] Eso es santa audacia.

Tengo que admitir que, con frecuencia, me identifico con Frodo, el héroe *hobbit* de J.R. R. Tolkien en la película *El señor de los anillos.* Frodo ve que los frentes están bien delimitados para la batalla final entre el bien y el mal. Los buenos son muchísimos menos. La creciente oscuridad —la corrupción de lo

5. Steve Camp, "Run to the Battle," interpretada por Steve Camp, Word Music, 1981.

que una vez fue bueno y verdadero— es opresiva. Su búsqueda por destruir el malvado anillo de poder parece condenada al fracaso.

—Ojalá el anillo nunca hubiera venido a mí. Ojalá nada de esto hubiera pasado, exclama Frodo.

Su amigo Gandalf le responde:

—Lo mismo piensan todos los que viven para ver momentos como este, pero no les corresponde a ellos decidirlo. Lo único que tenemos que decidir es qué hacer con el tiempo que se nos ha dado.[6]

Cuando leemos las cartas a la iglesia primitiva, en el Nuevo Testamento, nos damos cuenta de que muchos de los primeros discípulos sentían ese mismo desaliento. Agobiados por todas partes, atacados desde dentro y desde afuera, perseguidos, sufriendo, se esforzaban en aferrarse a la esperanza.

Pero los apóstoles les recordaban que la victoria suprema era suya en Cristo y los retaban, mientras tanto, a ser valientes, a permanecer firmes y a pelear la buena batalla (1 Co. 16:13), "aprovechando bien el tiempo, porque los días son malos" (Ef. 5:16).

Estas palabras que se escribieron originalmente para ellos, también son para ti y para mí.

Ha llegado la hora de ser la princesa guerrera que —como hija del Rey de reyes— Dios predestinó que fueras. Suelta la culpa, la vergüenza y el pesar, las normas absurdas y las expectativas poco realistas, el dolor, la amargura y la falta de

---

6. *The Lord of the Rings: The Fellowship of the Ring,* dirigida por Peter Jackson (Los Ángeles: New Line Cinema, 2001), DVD. En español: *El Señor de los anillos: La comunidad del anillo.*

perdón. Suelta la ilusión del control, la preocupación, la negatividad y la desdicha. Deja atrás las cosas menores.

Es hora de amarrar bien tu espada y salir a la batalla.

"Fortaleceos en el Señor, y en el poder de su fuerza. Vestíos de toda la armadura de Dios, para que podáis estar firmes contra las asechanzas del diablo" (Ef.6:10-11). Pelea cada batalla que se te presente. ¡Pelea para ganar! Rescata a tantos prisioneros de las tinieblas como puedas, y si no puedes salvarlos (porque ellos no quieran o porque no se te haya encomendado esa misión), muéstrales de todos modos cómo es la misericordia de Dios (Jud. 1:23). Anda "en santa y piadosa manera de vivir, esperando y apresurándoos para la venida del día de Dios" (2 P. 3:11-12).

Día tras día, algunas de nosotras recibimos el llamado a librar nuestras propias batallas personales contra la depresión, la culpa, el desaliento y el fracaso. Cada día que nos levantamos de la cama y tomamos nuestra espada es otra victoria. Cada día que seguimos peleando, seguimos esperando el día en que Jesús nos hará completamente libres, de una vez y para siempre.

Muchas de nosotras peleamos por nuestra familia, nuestras amistades, nuestras iglesias, nuestras comunidades, nuestra nación o incluso por países extranjeros. ¡Hay tantas causas importantes, tantas necesidades desesperantes!

Batallamos cuando oramos, creemos y animamos; cuando amamos, damos y servimos; cuando protegemos y defendemos; cuando guiamos y dirigimos, enseñamos y aconsejamos; cuando damos un buen ejemplo; cuando defendemos la verdad y la justicia; cuando decimos la verdad en amor.

Cada vez que tomamos una buena decisión que honra a Dios, cada acto de obediencia, cada sacrificio de amor, cada acción desinteresada, cada regalo, cada amabilidad, cada oración... marca la diferencia, cuenta. "Así que, ¡gracias a Dios!, quien nos ha hecho sus cautivos y siempre nos lleva en triunfo en el desfile victorioso de Cristo. Ahora nos usa para difundir el conocimiento de Cristo por todas partes como un fragante perfume" (2 Co. 2:14, NTV).

O, como lo expresan otras versiones, el "suave aroma".

¡Qué asombroso privilegio! ¡Qué responsabilidad tan increíble!

Sin embargo, es algo que solo podemos hacer si estamos dispuestas a soltar las pequeñeces.

Estudio bíblico

1. Ahora, en este momento de tu vida, ¿qué te ha llamado Dios a hacer? ¿Qué relaciones, qué responsabilidades, qué ministerios te ha encomendado? ¿Qué pasiones? ¿Qué dones o talentos? ¿Qué sueños o deseos para el futuro?

Si realmente no lo sabes, pídele a Dios que te lo muestre. En los próximos días o semanas, dedica algún tiempo a pensar en ello y orar. Háblalo con amigas de confianza, mentoras o con personas que te animen. Pregúntales qué ven.

2. ¿Cuáles son las "pequeñeces" de tu vida en este momento —las distracciones, los estorbos, los obstáculos, tal vez los pecados sin vencer— que te impiden ser y hacer lo que Dios te llamó a ser y a hacer.

3. ¿Qué puedes hacer respecto a estas cosas, de manera específica y concreta? ¿Cuáles son algunas de las elecciones que podrías hacer, algunos de los pasos que podrías dar? ¿Dónde podrías encontrar ayuda o quien rendirle cuentas, si lo necesitas? ¿Lo harás?

4. Busca cada uno de los siguientes versículos y anota lo que aprendiste de ellos en cuanto a vivir de manera santa (que honre a Dios).

Colosenses 2:6-7:

Colosenses 2:8:

Colosenses 3:1-2

Colosenses 3:5-10:

Colosenses 3:12-14:

Colosenses 3:15:

Colosenses 3:16:

Colosenses 3:17:

5. Elige uno de los versículos anteriores (o uno mencionado en este capítulo), memorízalo y medita en él durante la semana:

6. Anota en tu diario cualquier otro pensamiento o reflexión.

Capítulo doce

Aférrate a la esperanza

Cuando estés en un aprieto y todo esté en tu contra, hasta el punto de sentir que ya no aguantas ni un minuto más, no te rindas nunca, porque es el momento justo en que cambiará la marea.

Harriet Beecher Stowe

En la versión cinematográfica de *El señor de los anillos: Las dos torres*, hay una poderosa escena en la que el rey Théoden de Rohan se encuentra en medio de una desesperada batalla sin esperanzas de poder ganar. Su reino está sitiado. Sus ejércitos están en auténtica inferioridad numérica. Su pueblo no sobrevivirá a la noche.

Y todo es culpa suya. Al menos, él lo siente así. Su reino empezó a derrumbarse hace mucho tiempo, cuando él estaba distraído. Cuando cayó bajo la influencia de un espíritu maligno; escuchó las mentiras del enemigo y fue engañado. Tomó una serie de malas decisiones que devastó a todos los que lo rodeaban, mientras él estaba cautivo.

Ahora está libre. Por primera vez después de mucho tiempo

ve y piensa con claridad, pero es demasiado tarde. No puede volver atrás ni deshacer lo ocurrido. No puede reunir a los suyos, fortalecerlos, prepararlos a tiempo para la batalla. No pueden resistir la embestida del enemigo.

Al darse cuenta de que le ha fallado por completo a su pueblo y a sí mismo, el sentimiento de culpa, desesperación, vergüenza y remordimiento invaden a Théoden, que recita las inolvidables palabras de un poema:

> ¿Qué ha sido del jinete y su caballo?
> ¿Qué del cuerno que sonaba?
> Han pasado como lluvia en las montañas,
> como viento en la pradera.
> Los días se apagan en el oeste,
> tras las colinas, sumidos en la sombra.
> ¿Cómo hemos llegado a esto?[1]

Ese último verso hizo eco en mi propio corazón hace algunos años. Estaba inmersa en una profunda oscuridad espiritual, emocional y física. Sentía que mi vida era un caos. Había estado escuchando al enemigo. Donde miraba, solo veía fracaso y derrota.

Una mañana, en la iglesia, durante el culto de adoración, las lágrimas rodaban por mi rostro. Estaba abrumada por todos mis fallos y errores, y fracasos, y por las malas decisiones tomadas. Miraba al futuro con desesperanza, llena de temor y terror.

---

1. *The Lord of the Rings: The Two Towers*, dirigida por Peter Jackson (Los Ángeles: New Line Cinema, 2002), DVD. En español: *El señor de los anillos: Las dos torres*.

Con la imagen del rey Théoden grabada en mi mente, susurré en mi desesperación: "¿Cómo he llegado a esto?".

Apenas podía contenerme para no sollozar en alto.

Pero aquel domingo por la mañana —allí, totalmente desecha— fue como si el Espíritu Santo llegara a mi mente, en el punto donde había quedado congelada esa imagen de la película y pulsara "play".

Recordé lo que ocurrió a continuación.

Théoden y sus compañeros están a punto de cabalgar por última vez, preparados para encontrarse con la muerte en el campo de batalla. De repente, se dan cuenta de que está amaneciendo. La larga noche ha terminado. En la cima de la colina aparece un jinete sobre un caballo blanco, al mando de un inmenso ejército que viene al rescate. El jinete carga contra el enemigo, con una luz cegadora que disipa las tinieblas.

> Entonces vi el cielo abierto; y he aquí un caballo blanco, y el que lo montaba se llamaba Fiel y Verdadero, y con justicia juzga y pelea. Sus ojos eran como llama de fuego, y había en su cabeza muchas diademas… Y los ejércitos celestiales… le seguían en caballos blancos…Y en su vestidura y en su muslo tiene escrito este nombre: REY DE REYES Y SEÑOR DE SEÑORES (Ap. 19:11-16).

Jesús me recordó que en mis momentos de mayor oscuridad, hay esperanza y ayuda (2 Co. 4:9).

Él está conmigo.

Y trae consigo la victoria.

Es lo que Él ha puesto en mi corazón que te recuerde hoy: por oscura que parezca tu vida o la de alguien a quien amas, ten valor. Sigue adelante. Ten fe. Aférrate a la esperanza.

Y fija tus ojos en los cielos, porque el Rey de gloria, "tu rey vendrá a ti" (Sal. 24:7; Zac. 9:9).

Dios es el único que convierte el valle de la aflicción en una puerta de esperanza.

Catherine Marshall

No es fácil aferrarse a la esperanza, aun siendo tan gloriosa como la nuestra. A veces nos resulta difícil entender por completo lo que significa. Me encanta cómo ora Pablo por los efesios y por nosotras:

> No ceso de... [hacer] memoria de vosotros en mis oraciones, para que el Dios de nuestro Señor Jesucristo, el Padre de gloria, os dé espíritu de sabiduría y de revelación en el conocimiento de él, alumbrando los ojos de vuestro entendimiento, *para que sepáis cuál es la esperanza a que él os ha llamado,* y cuáles las riquezas de la gloria de su herencia en los santos, y cuál la supereminente grandeza de su poder para con nosotros los que creemos, según la operación del poder de su fuerza, la cual operó en Cristo, resucitándole de los muertos y sentándole a su diestra en los lugares celestiales, sobre todo

> principado y autoridad y poder y señorío, y sobre todo nombre que se nombra, no sólo en este siglo, sino también en el venidero (Ef. 1:16-21, cursivas añadidas).

Aunque Jesús nos llama a una vida más perfecta, no podemos lograrlo por nosotros mismos. Estar vivo es estar quebrantado; estar quebrantado es necesitar la gracia, y solo a través de ella podríamos atrevernos a tener la esperanza de llegar a ser más como Cristo.

Brennan Manning

Asimismo, Pedro declara:

> Bendito el Dios y Padre de nuestro Señor Jesucristo, que según su grande misericordia nos hizo renacer para una *esperanza viva*, por la resurrección de Jesucristo de los muertos, para una herencia incorruptible, incontaminada e inmarcesible, reservada en los cielos para vosotros, que sois guardados por el poder de Dios mediante la fe, para alcanzar la salvación que está preparada para ser manifestada en el tiempo postrero. En lo cual vosotros os alegráis, aunque ahora por un poco de tiempo, si es necesario, tengáis que ser afligidos en diversas pruebas, para que sometida a prueba vuestra fe, mucho más preciosa que el oro, el

> cual aunque perecedero se prueba con fuego, sea hallada en alabanza, gloria y honra cuando sea manifestado Jesucristo...

Así es. Esta es nuestra esperanza. Es a lo que nos aferramos. Pedro continúa diciendo:

> a quien amáis sin haberle visto, en quien creyendo, aunque ahora no lo veáis, os alegráis con gozo inefable y glorioso; obteniendo el fin de vuestra fe, que es la salvación de vuestras almas (1 P. 1:3–9).

No le hemos visto todavía, ni tú ni yo; al menos no cara a cara. Pero lo veremos. Por ello vivimos. Es lo que anhelamos.

Hasta entonces, somos lo que el profeta Zacarías llamó: "prisioneros de esperanza".

La esperanza empieza en la noche oscura,
la obstinada confianza en que si apareces e
intentas hacer lo correcto, llegará el amanecer.
Esperas, velas y trabajas: No te rindes.

Anne Lamott

Tras setenta años en el exilio, el pueblo de Dios se regocijó por la libertad de regresar a su patria. Pero Zacarías los retó a mantenerse centrados en la esperanza, el gozo, la liberación y la libertad mayores, que experimentarían cuando apareciera su Mesías:

> Alégrate mucho, hija de Sion; da voces de júbilo, hija de Jerusalén; he aquí tu rey vendrá a ti, justo y salvador, humilde, y cabalgando sobre un asno, sobre un pollino hijo de asna (Zac. 9:9).

Hablando proféticamente de parte de Dios, dijo:

> Volveos a la fortaleza, oh prisioneros de esperanza; hoy también os anuncio que os restauraré el doble (Zac. 9:12).

Dios era su Fortaleza, su Torre fuerte, y encontrarían fortaleza en Él si se aferraban a la esperanza y esperaban... ¡si esperaban el día en que Él viniera a ellos en poder y gloria!

Sabemos que Jesús —el Mesías— vino, tal como Zacarías profetizó. ¡Y el mundo se alegró... mucho! Pero las cosas todavía no son lo que serán. Los que estamos vivos hoy estamos esperando... esperamos su Segunda Venida, que Él regrese en poder y gloria.

Entretanto, sabemos que su Espíritu vive en nosotros. Nos mantenemos "firmes en la fe, bien cimentados y estables, sin abandonar la esperanza que ofrece el evangelio" (Col. 1:22-24, NVI). Como el salmista, declaramos por fe: "Jehová cumplirá su propósito en mí" (Sal. 138:8). Mientras esperamos, encontramos nuestra fuerza en Él, quien es nuestra Roca, nuestra Fortaleza, nuestro Refugio, nuestra Torre fuerte, nuestro Escudo y nuestro Libertador.

> Dios es el que me ciñe de poder,
> Y quien hace perfecto mi camino;

> Quien hace mis pies como de ciervas,
> Y me hace estar firme sobre mis alturas;
> Quien adiestra mis manos para la batalla,
> Para entesar con mis brazos el arco de bronce
> (Sal. 18:32–34).

¡Él nos ha prometido la victoria!

Nuestra esperanza no está en nosotras ni en nuestra fortaleza, nuestra sabiduría, nuestro talento, nuestra capacidad. No está en nuestra bondad, nuestra justicia, nuestra pureza, ni en nuestra madurez espiritual. No está en nuestra familia, nuestras amistades, nuestra carrera, nuestros logros ni nuestros éxitos. No está en nuestra salud ni en nuestra riqueza, en nuestro poder, prestigio ni influencia. No está en nuestra educación, ambición, visiones ni sueños. No está en la ciencia, en la comunidad médica, en nuestro país ni en nuestra seguridad nacional.

Nuestra esperanza está en Jesús, el "Hijo de Dios, el cual me amó y se entregó a sí mismo por mí" (Gá. 2:20).

¿Sabes una cosa? Después de todo, resulta fácil aferrarse a la esperanza, porque es agarrarse a Jesús. Y Él dice que ya nos tiene asidas a ti y a mí (Fil. 3:12).

> Yo les doy vida eterna; y no perecerán jamás,
> ni nadie las arrebatará de mi mano (Jn. 10:28).

Estudio bíblico

1. Cuando piensas en el cielo, en la eternidad, ¿qué esperas con más ansias? Enumera las diez cosas principales. (Si te cuesta pensar en diez, tal vez necesites repasar un poco lo que nos espera, según la Biblia. Tanto Randy Alcorn como Joni Eareckson Tada han escrito magníficos libros titulados: *El cielo*).

2. Lee Romanos 5:1-5. ¿En qué nos gloriamos? ¿Por qué? ¿En qué (o en quién) está fundada esa esperanza? (¿Por qué no nos defrauda, no nos decepciona ni nos avergüenza?).

3. Busca 1 Pedro 3:15-16. Vivimos en un mundo de tinieblas y muerte, lleno de almas perdidas. Si una de ellas —una vecina, una compañera de trabajo, una amiga— te preguntara la razón de tu esperanza, ¿qué le dirías? Tómate unos minutos ahora para expresar una respuesta meditada, algo sencillo, directo y de corazón. Que sea algo tuyo personal y de tu experiencia (y no una conferencia teológica).

4. Elige uno de los siguientes versículos (o uno mencionado en este capítulo), memorízalo y medita en él durante la semana:

Salmos 42:11	Salmos 147:11
Romanos 15:13	2 Tesalonicenses 2:16-17
Salmos 130:5	Romanos 5:3-5
Hebreos 10:23	1 Pedro 1:13

5. Anota en tu diario cualquier otro pensamiento o reflexión.

Epílogo

... en realidad, la cura está en el proceso, porque no existe crecimiento espiritual instantáneo.

Jennifer Dukes Lee

Desde el momento en que le entregas tu corazón a Jesús —y pones tu fe en Él— recibes la salvación. Sin embargo, la santificación, el proceso de ser conformado más y más a Él, no es tan instantáneo.

Hace años, leí esta profunda observación de Bono, el cantante líder de la banda irlandesa de rock U2:

> Tu naturaleza es difícil de cambiar; lleva tiempo. Una de las metamorfosis de tu vida espiritual no consiste en que tus defectos de carácter desaparezcan, sino que empiecen a trabajar para ti. Lo negativo se vuelve positivo: eres un bocazas y acabas siendo cantante. Eres inseguro, y terminas siendo un artista que necesita el aplauso. He oído hablar de personas que han sufrido un cambio milagroso y radical en su vida, que han sido liberadas de la adicción después de una simple oración,

> relaciones restauradas donde ambas partes "sueltan todo y dejan obrar a Dios". Pero no fue así para mí. En vez de "estaba perdido y me han encontrado", tal vez sería más concreto afirmar "estaba realmente perdido, pero ahora lo estoy un poco menos". Y así, poco a poco, cada vez un poco menos. Así es, para mí, la vida espiritual, el lento proceso de reinicio y actualización de una computadora a intervalos regulares, leyendo la letra pequeña del manual de mantenimiento. Me ha reconstruido lentamente en una imagen mejor. Ha requerido años, y todavía no soy una obra terminada.[1]

Todavía no.

Ese es el mayor reto, ¿verdad? Vivir entre el ahora y el todavía no. Confiar en el proceso o, más bien, confiar en Aquel que guía el proceso y nos dirige en este trayecto. Y es un proceso lleno de pasos, etapas, pausas y marcha. A veces es como si fueran dos pasos adelante y uno para atrás. ¡Otros días se diría que es un paso adelante, dos para atrás!

Hemos hablado mucho sobre lo que necesitamos soltar. Pienso que nuestra perspectiva de lo que sería, podría o debería ser nuestro proceso es otra de esas cosas. Las expectativas sobre nuestro propio crecimiento espiritual y sobre el proceso que Dios usará para producirlo. Nuestra agenda, nuestros

---

1. U2 con Neil McCormick, *U2 by U2* (Nueva York: HarperCollins, 2006), p. 7.

tiempos. Nuestras ideas y sugerencias. En cambio, hay tres pensamientos que quiero dejarte, tres cosas más a las que te animo a aferrarte.

Independientemente de lo que parezca, de cómo te sientas, *estás* progresando. ¡De veras! Te lo prometo. Cada día que vives y respiras, que te levantas de la cama por la mañana y pones un pie delante del otro, y hasta cuando no quieres hacerlo, incluso esos días en que te quedas en la cama y te tapas la cabeza con la manta.

Estás aprendiendo algo. Estás experimentado algo que Dios puede usar y usará para su gloria y para tu bien. No te desanimes por lo que te parece una falta de progreso. Tú no ves lo que Dios ve. No sabes lo que Él sabe.

Solo Él sabe quién eres realmente en lo más profundo de tu corazón, de tu mente y de tu alma. Solo Él ve cuánto has progresado, conoce cada victoria, cada vez que resististe a la tentación o que lo intentaste, que confiaste en Él aun sin entender, que tomaste una buena decisión o al menos una mejor. Conoce cada pensamiento de amor, de paciencia o de perdón, cada acto de sacrificio. Solo Él sabe cuánto te costó y lo que estuviste dispuesta a dar.

Solo Dios sabe lo que está tratando de enseñarte... cuál es realmente esa última "prueba de [tu] fe" (Stg. 1:3).

Podrías pensar —por ejemplo— que progresar es no perder la paciencia en todo el día. Dios podría decir que progresar es perder menos la paciencia —o menos fácilmente—, o morderte la lengua cuando ya la perdiste. Progresar también podría significar disculparte más rápido después del hecho. O no rendirse después de haber caído o fallado.

Por otro lado, podría haber progreso en perder la paciencia tantas veces en un solo día —a pesar de tu mejor esfuerzo, de tu más ferviente determinación—, porque al final reconoces tu total incapacidad de ejercer la más mínima cantidad de dominio propio, tu necesidad y dependencia desesperada y absoluta de su ayuda. Ese reconocimiento podría ser la victoria que Él está buscando, esa humildad, toda esa nueva comprensión y compasión por otros que, como tú, son incapaces de cambiar por sí mismos. Ese emocionado momento en que brota de tu corazón la gratitud más profunda porque Jesús estuvo dispuesto a sufrir y morir para salvar a una "desdichada" como tú. Como yo.

¿Entiendes lo que quiero decir?

Una vez escuché predicar al Dr. Tony Evans un poderoso mensaje en el que señalaba que cuanto más pecadores nos sentimos —cuánto más conscientes somos de nuestras debilidades, nuestras faltas y nuestros errores— ¡más cerca podríamos estar realmente de Dios! Más cerca podríamos estar de la madurez espiritual. Lo comparó a estar en una habitación con poca luz, donde todo parece estar bien a primera vista. Sin embargo, te acercas a una lámpara y, de repente, puedes ver todo el polvo, las manchas, la tierra y la suciedad. Han estado ahí desde el principio, pero cuanto más te acercas a la luz, más lo ves. Y eso es bueno. Estar más cerca de la luz, ver las cosas con mayor claridad es, de por sí, una señal de progreso.

Hasta que no lo ves no puedes tratar con ello, no puedes dar el siguiente paso en el proceso ni seguir haciendo progresos.

Existe un propósito para el proceso, un propósito *en* el

proceso. No es algo vacío y carente de sentido. No es inútil. No es una pérdida de tiempo. Nada en la economía de Dios es un desperdicio. ¡Recuérdalo: Él lo usa todo! Las Escrituras están llenas de ejemplos de cómo Dios obra pacientemente en y a través de nosotros; de cómo nos enseña y nos entrena; cómo nos prepara para las batallas a las que sabe que nos enfrentaremos; cómo nos examina y nos prueba; cómo nos fortalece y nos bendice.

Fíjate en David. Antes de que aquel pastorcillo pudiera convertirse en el rey más importante de Israel, necesitó tiempo y experiencia. Tuvo que tener algunas batallas en su haber, aprender a depender de Dios y de su poder para pelear contra un león y un oso, mucho antes de enfrentar a un gigante. Aprendió a afrontar las críticas, las acusaciones y la condenación de sus hermanos, antes de poder levantarse confiado frente a sus compatriotas y dirigirlos como rey.

Lo mismo sucede contigo. Lo que hayas vivido en el pasado, lo que estás atravesando ahora harán que puedas enfrentarte a lo que te espere. Tendrás el valor, la confianza y la convicción de que Dios está contigo. Ya lo hizo antes y lo volverá a hacer.

Habrás aprendido a ver su mano de amor en todo lo que te sucede, a escuchar su voz y a seguir su guía. Podrás decir como Job: "Mas él conoce mi camino; me probará, y saldré como oro" (Job 23:10).

Un día, *llegarás* al final del trayecto, y serás la mujer que Dios destinó que fueras. Un día serás libre. Independientemente de lo que tarde, de lo que cueste, ocurrirá. En Filipenses 1:6, el apóstol Pablo declara: "Y estoy seguro de que Dios, quien comenzó la buena obra en ustedes, la continuará hasta que quede completamente terminada el día que Cristo Jesús vuelva" (NTV).

Él es fiel y no se olvidará de los suyos ni los desamparará.

Un día estarás en la presencia de Dios. Verás a tu verdadero Amor cara a cara. Soltarás, de una vez por todas, de una forma definitiva, completa e irrevocable toda la culpa, la vergüenza y el pesar, las normas absurdas y las expectativas poco realistas, todo el dolor, la amargura y la falta de perdón, la lucha constante por el control, la preocupación, la negatividad, la desdicha y todas esas pequeñeces que compiten con Él por tu amor y devoción.

Te aferrarás para siempre a su asombrosa gracia, a la libertad perpetua, a la sanidad total, a la paz perfecta, al gozo abundante, a la esperanza eterna y al amor infinito de Dios.

Todo habrá merecido la pena: cada prueba o dificultad afrontada, cada batalla peleada, cada lágrima derramada.

Y ese día no tardará. Llegará antes de que te des cuenta. Así que hasta entonces y a la luz de esta gloriosa verdad... "Ya que estamos rodeados por una enorme multitud de testigos de la vida de fe, quitémonos todo peso que nos impida correr, especialmente el pecado que tan fácilmente nos hace tropezar. Y corramos con perseverancia la carrera que Dios nos ha puesto por delante. Esto lo hacemos al fijar la mirada en Jesús, el campeón que inicia y perfecciona nuestra fe. Debido al gozo que le esperaba, Jesús soportó la cruz, sin importarle la vergüenza que esta representaba. Ahora está sentado en el lugar de honor, junto al trono de Dios" (He. 12:1-2, NTV).

"Puestos los ojos en Jesús..." (He. 12:2).

Cuenta con Él. Céntrate intensamente en Él.

En todo momento. A cada hora. Día a día.

Cuando lo hagas, te resultará increíble lo sencillo que es tomarlo todo —todo lo demás— y simplemente soltarlo.

Déjalo a sus pies.

Preguntas que hacen las mujeres

¿Cómo sé si es mi personalidad, mi perfeccionismo o mi TOC?

En los capítulos tres y cuatro, hablamos de soltar las normas absurdas y las expectativas poco realistas. Si te resulta particularmente difícil "soltar" estas cosas, podría tratarse de una función de tu personalidad completamente natural (a veces desafiante), el temperamento que Dios te ha dado. También puede ser que estés luchando con el perfeccionismo o con un trastorno obsesivo compulsivo (TOC). Entender la diferencia puede ayudarte a descubrir la mejor estrategia para aprender a soltarlo.

La personalidad

Algunas de nosotras parecemos haber nacido meticulosas, pensadoras profundas que ansiamos el orden, la estructura y la lógica. Nos centramos intensamente en la búsqueda de la excelencia y la perfección. Dios nos hizo así. Como reza el dicho: es, a la vez, una bendición y una maldición, un punto fuerte y débil.

Este perfil de personalidad es uno de los cuatro principales estudiados por los expertos durante cientos de años. Diferentes personas los han denominado de modos distintos. Se conocen de forma alternativa como: melancólico, melancólico perfecto, meticuloso, racional, pensador o incluso entusiasta.

Quizás te han hecho alguna vez un test auténtico de personalidad (¡los de Facebook no cuentan!) en la escuela o en el trabajo, en una conferencia profesional o en el estudio bíblico de tu iglesia; en este último caso suele hacerse en conjunto con un estudio para ayudarte a identificar tus dones espirituales. Si aún no lo has hecho, deberías pensar en ello. Podrías descubrir que sencillamente confirma lo que ya sabías.

Por otra parte, podría cambiarte la vida. Te ayudaría a reconocer, entender, aceptar y apreciar los diferentes aspectos de la personalidad que Dios te ha dado, y ayudarte a comprender por qué otras personas piensan y actúan como lo hacen.

Las versiones seculares más conocidas y acreditadas del test tienen nombres como Perfil D.I.S.C, Clasificador de temperamento Keirsey e Indicador de Tipo Myers-Briggs (MBTI). (El MBTI identifica, en realidad, dieciséis tipos distintos de personalidad, así que prueba con este si te parece que ninguno de los "cuatro grandes" encajan contigo.) Entre las versiones populares cristianas están el Test de Personalidad de Gary Smalley y John Trent [disponible solo en inglés] y Personalidad Plus de Florence Littauer.

El perfeccionismo

Los expertos afirman que, independientemente de que tengamos esa personalidad meticulosa, todas podemos ser perfeccionistas en ciertos momentos o en cosas específicas. El perfeccionismo se define como un estándar personal, una actitud o una filosofía de vida que exige perfeccionismo —la más alta excelencia— y rechaza todo lo inferior.

Los psicólogos declaran que el perfeccionismo puede ser,

en cierto grado, una ventaja cuando está orientado a uno mismo, cuando nos motiva a avanzar y destacar. (Piensa, por ejemplo, en la clase de enfoque, disciplina y búsqueda de excelencia requerida para los atletas olímpicos). No obstante, esta clase de perfeccionismo podría, con la misma facilidad, ser perjudicial, cuando nuestros valores morales son poco razonables, inalcanzables o se convierten en un agobio para nosotras.

El perfeccionismo orientado a los demás *siempre* es destructivo, porque no pueden ni deberían vivir para complacernos ni tampoco deberíamos evaluarlos constantemente para después criticarlos por no alcanzar los valores que establecemos para ellos.

Igual de destructivo es el perfeccionismo prescrito por la sociedad, es decir, lo que experimentamos al creer que otros han establecido esos valores y esas expectativas increíblemente altos para nosotras, y que *debemos* alcanzarlos. Es la obsesión extrema de complacer a los demás.

Ya hemos hablando de algunos de estos problemas anteriormente en el libro. Los menciono aquí para señalar que, a veces, nuestro perfeccionismo es lo bastante profundo —dañino o destructivo— como para desencadenar una depresión clínica (ver la sección "¿Qué pasa con los antidepresivos?") y podríamos necesitar ayuda profesional (ver la próxima sección "¿Cuándo necesito una compañera a quien rendir cuentas, una coach de vida o un terapeuta profesional?").

En este caso, lo más inteligente, sabio, valiente, fuerte, excelente y perfecto que podríamos hacer es, quizás, humillarnos, admitir que necesitamos ayuda y pedirla. Si tu perfeccionismo te está pasando factura, si tiene un impacto grave en tu vida y la de quienes te rodean, habla con una amiga de confianza, una consejera cristiana, una psicóloga o psiquiatra.

Es especialmente importante que busques ayuda si tu perfeccionismo se ha convertido en un auténtico TOC.

Una perfeccionista con un trastorno obsesivo compulsivo (TOC)

Una perfeccionista con un TOC está obsesionada por la necesidad de realizar ciertas tareas a la perfección, y le aterra la idea de lo que ocurrirá si no lo logra. De hecho, el temor es la emoción dominante y motora. El temor al fracaso, a decepcionar o defraudar a otros, o a perder la buena opinión que tienen de ella.

Por ejemplo, revisará una y otra vez su trabajo, lo repasará una infinidad de veces y repetirá ciertos proyectos, convencida de que le falta algo, que se ha equivocado o que sus esfuerzos anteriores no fueron del todo buenos. En algunos casos, su investigación y sus preparativos serán tan excesivamente minuciosos, que nunca empezará la tarea en cuestión.

Revivirá conversaciones, volverá a escuchar mensajes o leerá correos electrónicos una y otra vez, angustiada ante la posibilidad de que otros hayan malinterpretado o malentendido sus palabras. Finalmente, terminará exhausta, agotada, dolorida o paralizada ante el pensamiento de aceptar otro proyecto, leer un libro, responder un correo electrónico o cualquier otra cosa que desencadene su comportamiento obsesivo. De modo que no lo hará.

Hay mucho más —una fuerte correlación entre el perfeccionismo, el TOC y los trastornos alimenticios, por ejemplo—, pero si esto te describiera a ti o a un ser querido, te ruego que busques ayuda.

Hay personas que pueden ayudarnos a ver lo que no conseguimos detectar por nosotras mismas: mentiras que hemos creído, mensajes falsos que hemos recibido, pensamientos, ideas, actitudes o patrones de comportamientos perjudiciales.

Sí; Jesús puede ayudarnos y sanarnos. Creo que toda sanidad y recuperación genuinas empiezan y terminan con Él, pero también opino que, a menudo, Él decide trabajar por medio de las personas a las que ha dotado de conocimientos, habilidades y formación especiales, personas que Él ha llamado a caminar a nuestro lado, a enseñarnos, animarnos y fortalecernos.

No tenemos que recorrer solas este trayecto.

¿Cuándo necesito a una compañera a quien rendir cuentas, una coach de vida o un terapeuta profesional?

A veces necesitas una ayudita más para dejar ciertas cosas atrás, para avanzar y aprender a caminar en libertad. Como has leído este libro, supongo que habrás caído en la cuenta de que tienes que ocuparte de algunos problemas graves. Quizás sientas la necesidad de recibir apoyo, aliento y consejos adicionales, específicos para ti y tu situación personal.

¡Es una gran idea!

Las Escrituras nos enseñan que es sabio buscar consejos piadosos; que Dios ha dotado a los miembros del cuerpo de Cristo para exhortarnos, alentarnos, asesorarnos y aconsejarnos unos a otros. Algunos usan sus dones de manera informal; otros reciben una formación especializada, una certificación, una licenciatura o títulos superiores y escogen convertir el prestar ayuda a otros en el llamado de su vida, su carrera y su profesión.

Dependiendo de tus necesidades, podrías considerar la ayuda de una compañera a quien rendir cuentas, una coach de vida o un terapeuta profesional: un consejero, un psicólogo o psiquiatra.

Una compañera a quien rendir cuentas

Este tipo de compañera es una amiga de confianza que acepta (a petición tuya) supervisarte, pedirte cuentas de tus actitudes, tus actos o tus comportamientos. La idea es que seas sincera, mantenerte en el camino y progresar; confesarse voluntariamente los pecados y las luchas una a otra, hablar de los ámbitos de crecimiento y progreso, y apoyarse mutuamente en oración y con aliento bíblico.

A veces es un acuerdo bastante organizado y estructurado. Acuerdan reunirse con regularidad, durante una o dos horas, cada mes o cada semana. Elaboran una lista de preguntas específicas para que la otra se las formule cada vez que se reúnan. O podrían mostrarse su diario, trabajar en un libro o hacer un estudio bíblico juntas y pasar algún tiempo en oración. Tal vez haya un asunto en particular que siempre sea el tema principal del tiempo que comparten —la razón de su compañerismo— o algo más amplio, que apunte a cómo les está yendo en la vida en general.

La rendición de cuentas podría ser también un acuerdo mucho más fluido, esporádico y espontáneo. Por ejemplo, te das cuenta de que has estado postergando un proyecto o que te has saltado tu tiempo devocional o de ejercicio esta semana. Entonces le envías un mensaje a tu amiga contándole lo que planeas hacer para recuperar la disciplina y le pides que te envíe un mensaje el fin de semana para ver si lo cumpliste. O tal vez ella te haya invitado a llamarla cada vez que te sientas realmente tentada a caer en un pecado recurrente. Promete dejarlo todo y orar contigo hasta que se te haya pasado . Por lo general —por no decir siempre—, esta clase de rendición de cuentas es un camino de doble sentido, un acuerdo recíproco, mutuamente beneficioso.

Cuando estás buscando una compañera a quien rendir cuentas, es importante que elijas a alguien que conozcas y en quien confíes, que mantenga la confidencialidad, que no te juzgue, no te critique ni te condene, pero también que no busque excusas ni permita que te salgas con la tuya. A veces es bueno tener a alguien con tus mismas luchas, porque ambas lo comprenden. Entiendes por lo que está pasando la otra y pueden hallar juntas una solución. Otras veces puede resultar en tu contra, si terminan compadeciéndose ambas, cediendo a la tentación y bajando los brazos.

Es posible que tengas la compañera ideal a quien rendirle cuentas contigo en tu propia casa, en tu propia familia. Y si es así, ¡maravilloso! Pero sinceramente, los miembros de nuestra familia no siempre son los mejores para esto. A veces son los mayores obstáculos o contribuyentes a nuestros retos personales. Aunque tengan buenas intenciones y quieran ayudarte sinceramente, les resulta demasiado fácil ponerse en el rol de padre, madre o niñera. Empiezas a sentirte como una niña traviesa constantemente bajo examen, criticada o reprimida.

Por el bien de tus relaciones familiares, sería mejor elegir una amiga —algunos dirían que dos— para que todo sea objetivo, equilibrado y saludable.

Aun así, con el tiempo podrías descubrir que eres reacia a abrirte, sincerarte y rendirle cuentas a tu compañera. Quizás no sea la compañera más indicada para ti o en realidad no dispone del tiempo necesario. Podrías percatarte de que necesitas más ayuda o de otro tipo. O tal vez te encuentres en un momento y un punto de tu vida en los que no tienes a quien pedirle que sea este tipo de compañera para ti. Podrías considerar la posibilidad de trabajar con una coach de vida.

Una coach de vida

¿Qué es una *coach de vida*? ¡Una coach de vida es, bueno, una coach! Una mentora, alguien que te impulsa y una compañera a quien rendirle cuentas, todo en uno. Los coach de vida son personas que ayudan al bienestar personal, en la misma categoría que los entrenadores físicos personales, los nutricionistas o los masajistas.

La misión de una coach de vida es ayudarte a ver cómo estás, cómo quieres estar y qué necesitas para lograrlo. Te enseña a identificar tus puntos fuertes y los débiles, y lo que necesitas para alcanzar tu máximo potencial. Te ayudará a buscar ideas para definir tus objetivos y a continuación las desglosa en pasos prácticos y concretos. Permanece a tu lado, para asegurarse de que des esos pasos

Por lo general, la coach de vida se reúne contigo con regularidad, en persona, por teléfono, por videoconferencia en línea (como Skype). Te puedes registrar con una coach de vida por un cierto número de sesiones, por un espacio de tiempo específico, o hasta lograr un objetivo en particular.

La coach de vida es diferente, en varias formas, de un consejero y de un terapeuta. En primer lugar, obtienes de ella mayor colaboración y camaradería. No es una relación tan formal como la típica médico-paciente. La coach de vida se concentra en el presente y el futuro, mientras que los terapeutas te ayudan a tratar el dolor del pasado. Afirman que aunque también pueden trabajar en el bienestar y hacer un *coaching,* la mayor parte de su trabajo se centra en personas con adicciones, trastornos de la personalidad, estrés postraumático u otros problemas mentales graves. En resumen, ayudan a sus pacientes a pasar desde la disfunción a un buen funcionamiento; los coach de vida se ocupan de que las personas que funcionan —más o menos— a un nivel normal, aprendan a hacerlo a su potencial máximo.

Contratar los servicios de una coach de vida puede resultar mucho más caro que los de un terapeuta o un consejero personal, y es un gasto que los seguros no cubren. Además, la profesión está mucho menos regulada. Casi cualquiera puede autodenominarse coach de vida, así que ten cuidado.

Quizás conozcas a una persona que, por su naturaleza, es una magnífica mentora y motivadora, alguien que ha decidido tomar ese talento y convertirlo en su profesión, convirtiéndose en coach de vida. Si conoces bien a alguien así y te sientes cómoda con su nivel de experiencia, probablemente será bueno para ti. (¡Y seguro que más barato!). Estás pagando para que te ayuden a organizar tu vida —tu agenda, tus objetivos, tu lista de cosas pendientes— como contratarías a una ayudante para organizar tu oficina o tus armarios.

No obstante, a menos que tengas ese vínculo personal, sería mejor que buscaras una coach con una buena formación especializada en *coaching,* alguien que se haya sometido a los rigurosos requisitos de una organización como la Federación Internacional de Coaching (ICF, por sus siglas en inglés) para obtener algún tipo de certificación o licencia oficial. En realidad, muy pocos coach de vida han sido anteriormente terapeutas, consejeros licenciados o psicólogos, con una educación y experiencia extensas. Muchos de ellos son cristianos a los que les apasiona ser mentores y alentar a otros en su crecimiento y su desarrollo espiritual.

Si no puedes salir adelante con la ayuda de tu coach de vida —si resulta evidente que tienes un trauma emocional o un problema mental más grave que tratar—, si es responsable, no intentará aconsejarte ni tratarte por esos problemas. ¡No es su ámbito de especialización! Te remitirá a una terapeuta profesional, una consejera licenciada, una psicóloga o psiquiatra.

Un terapeuta profesional

La diferencia entre los profesionales de la salud mental licenciados no radica tanto en el tipo de pacientes o condiciones que tratan, sino en su trasfondo y su formación educativa. Por ejemplo, un *consejero licenciado* o un *trabajador social clínico* tienen una licenciatura y han completado un mínimo de dos años de prácticas. Un *psicólogo* ha obtenido un doctorado —doctora en filosofía— seguido por dos años de prácticas. Un *psiquiatra* se ha graduado de la universidad de medicina primero y luego ha cursado cuatro años adicionales de capacitación avanzada y especialización en salud mental.

Solo los psiquiatras (dado que son doctores en medicina) incluyen exámenes físicos y análisis médicos en sus evaluaciones. Ellos son los que podrían determinar si tus síntomas psicológicos, en realidad, son el resultado de un daño cerebral o algún otro tipo de enfermedad o condición física. Solo ellos pueden recetar medicación y, habitualmente, se concentran en esto. Suelen trabajar en clínicas y hospitales, pero incluso en la práctica privada, aunque imparten cierta consejería, se ocupan mayormente de la medicación de pacientes que necesitan esta clase de tratamiento.

El tipo de profesional licenciado a consultar, depende, en realidad, de tu necesidad y de quién esté disponible en tu zona. Por ejemplo, todos estos profesionales están cualificados para ayudarte a tratar problemas de ansiedad, depresión o enojo, pero podrían especializarse en uno u otro problema. Algunos tienen más experiencia en consejería matrimonial y familiar, y otros en los trastornos alimenticios. Si necesitas medicación, te la tendrá que recetar un doctor en medicina; podría ser tu médico de familia que llevara el caso en conjunto con tu psicólogo, o directamente tu psiquiatra.

El tipo específico de facultativo o título no importa tanto como su experiencia y capacitación integral. Tiene que ser alguien cualificado y competente, con quien te sientas cómoda y en quien puedas confiar, y que te transmita la seguridad de que te puede ayudar. Sería ideal que encontraras un consejerao cristiano, cuyo consejo y aliento estén cuidadosamente fundados en las Escrituras. Si no es así, busca al menos uno que conozca y respete tu fe.

¿Cómo encontrar, pues, un buen consejero o terapeuta? ¡Empieza con oración! Pídele a Dios que guíe cada uno de tus pasos. Después, pregunta a personas de tu confianza —tus amistades, tus familiares, tu médico, tu pastor— que te recomienden alguno. Trata de conseguir la mayor cantidad de recomendaciones. Y haz tu tarea. Consulta las páginas web de posibles consejeros o terapeutas. Revisa los títulos obtenidos, sus años de experiencia y sus ámbitos de especialización.

También puedes encontrar referentes a través de la Asociación Americana de Consejeros Cristianos (www.aacc.net/resources/find-a-counselor) y la Asociación Nacional de Consejeros Cristianos (www.ncca.org/Directory/search.aspx). Enfoque a la Familia tiene una línea directa de consulta. Además, pueden recomendarte un consejero cristiano de buena reputación que trabaje en tu zona. (Llama a 1-855-771-HELP o visita www.focusonthefamily.com /counseling/find-a-counselor.aspx o www.enfoquealafamilia.com).

Algunas iglesias tienen consejeros profesionales entre su personal o ministerios de consejería que incluyen "consejeros laicos": miembros de la congregación, que son creyentes maduros y han cursado un programa exhaustivo de consejería bíblica. La mayoría de los pastores también ofrecen consejería y, por lo general, es gratis. Algo a tener en cuenta: hay muchos pastores cristianos maravillosos con gran sabiduría y una amplia experiencia en el ministerio. Se compadecen de las personas heridas, aman la consejería y realmente tienen ese don, al que muchos de ellos suman una capacitación especial que les permite ser aún más eficaces en ayudar a otros. Sin embargo, otros pastores, bueno... pues no.

Por tanto, siempre que sea posible, es mejor obtener una recomendación personal de alguien de tu confianza. Y si el primer consejero que visitas no es tan útil como esperabas, no te rindas. Sigue buscando. ¡Tu sanidad —tu libertad— lo vale!

¿Qué pasa con los antidepresivos?

Todas experimentamos momentos de decepción, desaliento y fracaso. Sentimientos de desesperación y desesperanza, sobre todo después de un tiempo de crisis o trauma, de un cambio importante en la vida o de afrontar una pérdida y el duelo. A veces esos momentos pueden durar días, semanas o incluso meses.

Si has estado manifestando los siguientes síntomas a diario —durante algún tiempo—, podrías estar sufriendo de depresión:

- Sentimientos de tristeza, vacío o infelicidad.
- Arrebatos de enojo, irritabilidad o frustración.
- Pérdida de interés o placer en actividades normales.
- Alteraciones del sueño, como insomnio o dormir demasiado.
- Cansancio y falta de energía, de modo que aun las tareas pequeñas requieren un esfuerzo adicional.
- Cambios de apetito: en algunas personas puede manifestarse menos apetito y pérdida de peso, mientras que otras sienten antojos de ciertos alimentos y aumentan de peso.

- Ansiedad, agitación o nerviosismo: por ejemplo, excesiva preocupación, caminar de un lado al otro, retorcerse las manos o incapacidad de quedarse quieto.
- Lentitud para pensar, hablar o mover el cuerpo.
- Sentimientos de falta de importancia o culpa, fijarse todo el tiempo en errores del pasado o culparse por cosas de las que no son responsables.
- Dificultades para pensar, concentrarse, tomar decisiones y recordar cosas.
- Frecuentes pensamientos de muerte, pensamientos o intentos suicidas.
- Problemas físicos sin explicación, como dolor de espalda o de cabeza.[1]

Algunas cristianas tienen serias reservas respecto a medicarse para tratar la depresión. Si el problema es esencialmente espiritual, ¿no debería tratarse desde una perspectiva o base espiritual? Otras piensan que tal vez son causas físicas o al menos síntomas físicos que coinciden con problemas espirituales, y que la medicación podría ser una herramienta eficaz, incluso crucial para su vida.

Dado que las Escrituras no dicen "no" o "sí", pienso que cada persona es responsable de decidir en oración según cómo crea que Dios la está dirigiendo.

Qué dicen los profesionales de la salud

Los antidepresivos pueden brindar algún alivio a personas que sufren de depresión severa. Observa que dije "pueden" y

1. "Depression: Symptoms", Mayo Clinic website, www.mayoclinic.org/diseases-conditions/depression/basics/symptoms/con-20032977.

"algún". Estas drogas no son una cura milagrosa; no funcionan para todos. De hecho, estudios recientes sugieren que menos del 50% de las personas que tomaron antidepresivos experimentaron la desaparición de los síntomas, y en muchas de ellas pronto regresaron los síntomas mientras aún tomaban la medicación. Para algunas personas, los antidepresivos tienen en realidad el efecto contrario; incrementan el riesgo de pensamientos suicidas o autodestructivos.

La mayoría de los médicos recetan antidepresivos por un mínimo de seis meses a un año, porque hasta encontrar el fármaco o la combinación correcta de medicamentos, experimentar los beneficios y adaptarse a los efectos secundarios podría transcurrir todo ese tiempo. Además, muchos antidepresivos son adictivos, por cuanto el cuerpo se acostumbra a ellos y se experimentan síntomas de abstinencia si se detiene abruptamente su uso. Por ello, los médicos aconsejan una disminución gradual de la medicación. Con todas las potenciales complicaciones, los efectos secundarios y la interacción con otras drogas, la mayoría de los médicos no recomienda el uso indefinido de antidepresivos, a menos que haya otro problema mental subyacente, como el trastorno bipolar.

Los medicamentos antidepresivos son más eficaces cuando se toman bajo supervisión médica y en conjunto con cambios en el estilo de vida como una dieta nutricional mejor, ejercicio, consejería o terapia. En el mejor de los casos, funcionan como las ruedas auxiliares de una bicicleta. Ofrecen algo de estabilidad —por un tiempo— de modo que puedas volver a subirte y empezar a pedalear otra vez. El objetivo es ayudarte a que puedas andar sola.

Entonces, ¿son adecuados los antidepresivos para ti?

¿Padeces un caso severo de depresión? En otras palabras, ¿está interfiriendo significativamente con tu capacidad de funcionar a diario? (Por ejemplo, podrías encontrar excusas para no salir de tu casa. O sentirte tentada a automedicarte con fármacos o alcohol. Podrías estar batallando con el insomnio o con pensamientos suicidas. Incluso podrías estar experimentando alucinaciones). Para una depresión moderada, bastaría quizás con hacer cambios en tu estilo de vida.

¿Estás preparada para el riesgo de los efectos secundarios potenciales de la medicación? ¿Has pensado también en un plan para recibir ayuda espiritual y el apoyo que necesitas? ¿Has orado por tu decisión? ¿Has hablado con tu familia? ¿Con tu médico?

Si decides seguir adelante con ello, asegúrate de que tu médico también tenga un plan en mente: qué medicamento te recetará y por cuánto tiempo. Registra en un cuaderno las dosis, los efectos secundarios y los síntomas que te produce la medicación.

Y sigue buscando a Jesús. Al fin y al cabo toda nuestra ayuda, nuestra esperanza y nuestra sanidad vienen de Él.

¿Cómo puedo ayudar a mis hijos o nietos a luchar con el perfeccionismo?

Algunos niños nacen perfeccionistas y otros se hacen. Es más probable cuando son primogénitos, sensibles o dotados, o si (¡ejem!) uno de los progenitores es perfeccionista y les da ejemplo de dicho comportamiento.

A continuación, una descripción de cómo se manifiesta el perfeccionismo en los niños:

- Se comparan constantemente —su apariencia, su desempeño, sus logros y talentos— con otros.
- Se juzgan (y a veces juzgan a otros) duramente; se critican o se condenan por sus aparentes fracasos.
- Se preocupan por el resultado de todo lo que hacen. Rehacen sus tareas una y otra vez, tratando (y fallando, según su opinión) de hacerlo "bien".
- Postergan o directamente evitan algunos proyectos, por temor al fracaso o por pavor al enorme esfuerzo que saben que les llevará cumplirlos según sus propias normas exigentes.
- Se focalizan en sus fracasos y no en sus éxitos; llevan la cuenta de las cosas que hicieron mal, no de las que hicieron bien.
- Insisten en que hay solo una manera "correcta" de hacer las cosas y se ponen extremadamente nerviosos cuando se les reta a aceptar otras opiniones.
- Les cuesta mucho reírse de ellos mismos cuando se equivocan.
- Evitan intentar cosas nuevas por temor a que no les salga bien.

Cuando todo este temor, preocupación, frustración y estrés se acumulan, suele provocar un arrebato emocional: una rabieta o un berrinche. Pero también se puede manifestar físicamente. Los niños con problemas de perfeccionismo sufren a menudo de dolor de cabeza, estomacal, bruxismo o problemas para dormir de noche.

Una cosa es luchar contra nuestro propio perfeccionismo,

y otra ver que nuestros hijos luchan con ello. Nuestro corazón sufre por ellos. Sabemos qué duro es. Nos sentimos impotentes. Muchísimas madres y abuelas han buscado maneras de ayudar a sus niños. En una breve búsqueda en Internet encontrarás una gran cantidad de artículos y sitios web llenos de ideas y sugerencias prácticas.

Algunas cosas básicas

Ora. Y luego ora. Y después ora un poco más. ¡En serio! Pídele a Dios que te dé sabiduría para cada día, en cada incidente o problema que surja. Cada niño y cada situación son diferentes. Se requiere mucha sabiduría para saber qué hacer y qué no hacer, qué decir y qué no decir, para hallar el equilibrio entre impulsar a los niños a hacer lo mejor que puedan y alcanzar su máximo potencial, y enseñarles a entender que caer y fallar sirven para aprender y crecer. ¡Afortunadamente, Él promete darnos toda la sabiduría necesaria, si se lo pedimos! (Stg. 1:5).

Aprende a controlar tu propio perfeccionismo y a predicar con el ejemplo. Enseña a tus hijos los mismos principios, los mismos pasajes de las Escrituras, las mismas estrategias que te están ayudando. Solo adáptalas un poco, usa ejemplos e ilustraciones apropiadas para su edad. (Ver capítulo tres y cuatro). Vive y muéstrales las habilidades necesarias para la vida cotidiana —los pensamientos, las actitudes, los comportamientos— que quieres enseñarles. Y ten presente las siguientes normas respecto a lo que debes y no debes hacer.

DEBES animar a los niños a descubrir y desarrollar sus propios talentos exclusivos que Dios les ha dado. Dales la oportunidad de explorar una amplia variedad de intereses y actividades, para ayudarlos a encontrar en qué ámbito tienen un talento y a entender que nadie es talentoso en todo. Que aun así pueden disfrutar de algo, aunque no tengan un don para ello. ¡Pero que no pueden saberlo hasta intentarlo!

NO DEBES sobrecargarlos con demasiadas actividades extraescolares; no permitas que tus temores o remordimientos por tu pasado te lleven a empujarlos a hacer o esforzarse demasiado. No pongas en ellos expectativas poco realistas. No los condenes al fracaso.

DEBES concentrarte en lo positivo. Enfatiza el crecimiento, el progreso y el adelanto —que siempre es el objetivo— y no en el resultado final. Recuerda que estamos hablando de niños que enferman físicamente cuando no pueden "ganar" o hacer las cosas "bien". Elogia el carácter (el valor, la amabilidad, la generosidad) o el esfuerzo (la persistencia, la determinación) y no el resultado. E impúlsalos a alabar esas cosas en otros.

NO DEBES comparar en público los logros o desempeños de tus hijos con otros ni los animes a compararse. Se trata de hacer o ser lo mejor posible, no de ser mejor (o peor) que otros.

DEBES escuchar con empatía los temores y las frustraciones de tus hijos. Anímalos a abrirse y a ser sinceros contigo respecto a lo que piensan y sienten.

NO DEBES desestimar sus sentimientos, pero no temas retar sus pensamientos negativos. Por ejemplo, podrías decir: "No eres un fracaso. No eres un perdedor. El mundo no se termina porque te equivocaras en un problema del examen. Todo el mundo comete errores. Puedes aprender a hacerlo ¡y yo te ayudaré!

Identifica algunos pasajes clave de las Escrituras o algunos refranes motivacionales para niños que puedan convertirse en una consigna familiar. Por ejemplo: "Todo lo puedo en Cristo que me fortalece" (Fil. 4:13) o "¡Tanto si piensas que puedes como si crees que no puedes, estás en lo cierto!". O "¡sigue adelante!". Pega estas frases por la casa y repítanselas mutuamente todos los días.

Busca maneras de llenar continuamente tu casa y sus corazones con la Verdad de Dios, para contrarrestar las mentiras del enemigo. Aquí tienes algunas ideas más...

Música para niños pequeños

Fui maestra de jardín de infancia y de educación primaria, y cuando enseñaba en escuelas cristianas me encantaba poner de fondo una suave música de alabanza y adoración durante toda la jornada. Hacía de mi aula un lugar cálido, feliz y seguro. ¡Tenía una influencia sumamente positiva en mis alumnos! A menudo escuchaba a los niños cantar las canciones en el pasillo o en el patio de juegos, aunque nunca habíamos hecho un esfuerzo consciente por aprenderlas. ¡Y muchas veces yo también terminaba por cantarlas!

El tiempo de juego, de la siesta, mientras conduces el auto, por la noche, todos estos son buenos momentos para fortalecer nuestro corazón y alimentar nuestro espíritu con la verdad de la Palabra de Dios. Estas son algunas de mis favoritas para niños pequeños. (Todos estos álbumes están disponibles en iTunes y en recursos en Internet).

Kids of the Kingdom and Follow the Leader, de Annie Herring

The Donut Man—Songs That Teach, Songs That Praise series, de Rob Evans

The Praise Baby Collection, de Brentwood Music
Hide 'Em in Your Heart: Bible Memory Melodies, Vols. 1 y 2. Edición en castellano*: 16 Melodías bíblicas para niños: Guárdalas en tu corazón,* de Steve Green
Sleep Sound In Jesus: Gentle Lullabies for Baby, de Michael Card
Bedtime Prayers: Lullabies and Peaceful Worship, de Twila Paris

Si tienes hijos más mayores, anímalos a crear su propia lista discográfica: ¡canciones que les recuerden que deben alegrarse, ser pacientes, ser persistentes, tener valor y confianza en el Señor!

Libros, películas y mucho más

Cuando busques libros y películas adecuadas para la edad de tus hijos, procura que traten de personas de la vida real que afrontaron fracasos, desalientos y derrotas —pero que nunca se rindieron— y finalmente tuvieron la victoria. Hay gran cantidad de estas historias del mundo de los deportes y la ciencia, el arte, la música y la historia. La sección de niños de tu biblioteca local suele tener una amplia selección de biografías —libros ilustrados para niños pequeños y libros más grandes para niños que saben leer—, y pueden ir juntos a retirarlos. (¡Yo misma he escrito algunos!).

También me encantan la película de animación de Walt Disney *Meet the Robinsons* [*Descubriendo a los Robinsons* en España, *La familia del futuro* en Hispanoamérica] y de Pixar *Los increíbles* y *Monstruos University,* porque el mensaje de estas películas es muy diferente al de la mayoría de las películas para niños. Estas reconocen que no importa cuánto creas en ti mismo, nunca podrás hacer todo lo que quieras ni todo será perfecto. Sin embargo, puedes lograr realizar algunas bastante asombrosas, si descubres el talento único que Dios te ha dado, y si no te rindes ni tienes miedo a equivocarte.

Glynnis Whitwer nos ofrece otro magnífico recurso para padres en su libro *Cuando tu hijo sufre*: *Ayuda a tu hijo a superar el dolor de las heridas emocionales* (Editorial CLC).

Una nota sobre el perfeccionismo en preadolescentes y adolescentes

Estudios recientes han mostrado que las jovencitas que luchan con el perfeccionismo parecen más propensas a desarrollar graves trastornos alimenticios como la anorexia y la bulimia. También podrían ser más propensas a cortarse y a otras maneras de hacerse daño a sí mismas.

(Cada vez son más los varones que desarrollan estos comportamientos también).

Lamentablemente, no disponemos aquí del suficiente espacio para detallar todas las razones, los factores de riesgo y las señales de advertencia. Solo mencionaré algunas cosas.

Los tremendos problemas espirituales, emocionales y psicológicos —y los comportamientos destructivos que los acompañan— son mucho más fáciles de prevenir que de tratar.

Si sabes que tienes un joven perfeccionista en tu familia, presta atención a las trampas especiales que el enemigo le pone. Ora por él. Confiesa la verdad de Dios sobre él. Recuérdale diariamente quién es en Él, que Él ya lo escogió, lo amó, lo valoró. No tiene nada que demostrar, nada que alcanzar o lograr para ser digno y "suficiente". Ya lo es en Él.

Podrías considerar reunirte con tus hijos una vez a la semana o una vez al mes para desayunar, almorzar o salir una noche. Edifiquen su relación pasando momentos especiales juntos, en los cuales puedan conversar sobre los problemas de imagen de sí mismos, la presión de los compañeros, el perfeccionismo y cualquier otra cosa que estén atravesando. Lean un libro o hagan juntos un estudio bíblico. (Recomiendo *Made to Crave for Young Women* por Lysa TerKeurst y Shaunti Feldhahn y *Love Idol* por Jennifer Dukes Lee [solo disponibles en inglés], pero hay una infinidad de otros libros, especialmente para preadolescentes y adolescentes). Presta atención a los momentos oportunos para el aprendizaje en la vida diaria.

Si piensas que tus hijos perfeccionistas ya podrían tener un problema grave, si parecen obsesivamente preocupados por su apariencia, peso, consumo de alimentos o ejercicio; si parecen continuamente angustiados, de mal humor, deprimidos o retraídos; si han sido víctimas de delito, maltrato o desatención; si han experimentado un importante trauma reciente en su vida (muerte, divorcio, una ruptura dolorosa), o si frecuentemente tienen heridas inexplicables en sus brazos o piernas... BUSCA AYUDA

Nadie supera solo los trastornos alimenticios ni los comportamientos autodestructivos. No desaparecen solos. Escucha esa intuición, esa voz que te dice que algo no va bien. Podría ser el Espíritu Santo.

Actúa.

Si buscas, encontrarás muchísimos recursos gratuitos y disponibles en Internet, artículos y sitios web útiles, organizaciones y grupos de apoyo. Puedes llamar a la línea directa confidencial de la Asociación para el Trastorno Alimenticio Nacional (NEDA, por sus siglas en inglés) o visita su sitio web http://www.nationaleatingdisorders.org/neda-espanol.

Pídele a tu pastor, a tu médico familiar o al psicólogo de la escuela que te recomienden un consejero cristiano de tu zona, especializado en trabajar con adolescentes o en trastornos alimenticios, o en ambas cosas.

Hay esperanza. Hay sanidad.

Proponte buscarla y pelear por la sanidad de aquellos a los que amas (Jer. 29:13; Neh. 4:14).

¿Qué pasajes clave de las Escrituras puedo memorizar?

Hay una cantidad enorme de pasajes de las Escrituras que nos alientan a dejar atrás las cosas que nos detienen y a aferrarnos a las que nos ayudan a crecer. Meditar en estos pasajes (reflexionar realmente en su significado y aplicarlos a nuestra vida), y memorizarlos puede ayudarnos a ser por fin libres, a ser las mujeres que Dios destinó que fuéramos. De ser posible, elije los versículos que te hablen de una manera más poderosa y personal.

Algunos pasajes para empezar

> No os acordéis de las cosas pasadas, ni traigáis a memoria las cosas antiguas. He aquí que yo hago cosa nueva; pronto saldrá a luz; ¿no la

conoceréis? Otra vez abriré camino en el desierto, y ríos en la soledad (Is. 43:18–19).

Si confesamos nuestros pecados, él es fiel y justo para perdonar nuestros pecados, y limpiarnos de toda maldad (1 Jn. 1:9).

Ahora, pues, ninguna condenación hay para los que están en Cristo Jesús (Ro. 8:1).

Los que miraron a él fueron alumbrados, y sus rostros no fueron avergonzados (Sal. 34:5).

Acerquémonos, pues, confiadamente al trono de la gracia, para alcanzar misericordia y hallar gracia para el oportuno socorro (He. 4:16).

Estoy convencido de esto: el que comenzó tan buena obra en ustedes la irá perfeccionando hasta el día de Cristo Jesús (Fil. 1:6, NVI).

Y me ha dicho: Bástate mi gracia; porque mi poder se perfecciona en la debilidad. Por tanto, de buena gana me gloriaré más bien en mis debilidades, para que repose sobre mí el poder de Cristo. Por lo cual, por amor a Cristo me gozo en las debilidades, en afrentas, en necesidades, en persecuciones, en angustias; porque cuando soy débil, entonces soy fuerte (2 Co. 12:9-10).

Hermanos, yo mismo no pretendo haberlo ya alcanzado; pero una cosa hago: olvidando ciertamente lo que queda atrás, y extendiéndome a lo que está delante, prosigo a la meta, al premio del supremo llamamiento de Dios en Cristo Jesús (Fil. 3:13-14).

Por tanto, no desmayamos; antes aunque este nuestro hombre exterior se va desgastando, el interior no obstante se renueva de día en día. Porque esta leve tribulación momentánea produce en nosotros un cada vez más excelente y eterno peso de gloria; no mirando nosotros las cosas que se ven, sino las que no se ven; pues las cosas que se ven son temporales, pero las que no se ven son eternas (2 Co. 4:16-18).

Porque yo sé los pensamientos que tengo acerca de vosotros, dice Jehová, pensamientos de paz, y no de mal, para daros el fin que esperáis (Jer. 29:11).

Por tanto, nosotros también, teniendo en derredor nuestro tan grande nube de testigos, despojémonos de todo peso y del pecado que nos asedia, y corramos con paciencia la carrera que tenemos por delante (He. 12:1).

Mas él conoce mi camino; me probará, y saldré como oro (Job 23:10).

Recursos recomendados

Aprender a dejar atrás todo lo que nos detiene y a aferrarnos a lo que nos ayuda a avanzar puede representar el reto de toda una vida. La buena noticia es que no estamos solas. Existe una gran cantidad de recursos a nuestra disposición. Además de los mencionados en el texto y en las notas, he incluido algunos más en esta sección que —con nuestro tema en mente— han sido de especial ayuda para mí.

Para leer

Libros sobre creer, recibir y experimentar la gracia de Dios

Philip Yancey, *Gracia divina vs. condena humana* (Nashville, TN: HarperCollins, 2013).

Brennan Manning, *El evangelio de los andrajosos* (Lake Mary, FL: Casa Creación, 2004).

Emily P. Freeman, *Grace for the Good Girl: Letting Go of the Try Hard Life* (Grand Rapids, MI: Revell, 2011).

Cynthia Spell Humbert, *Deceived by Shame, Desired by God* (Colorado Springs, CO: NavPress, 2001).

Jennifer Dukes Lee, *Love Idol: Letting Go of Your Need for Approval and Seeing Yourself through God's Eyes* (Carol Stream, IL: Tyndale, 2014).

Ann Voskamp, *One Thousand Gifts Devotional: Reflections on Finding Everyday Graces* (Grand Rapids, MI: Zondervan, 2012).

Libros sobre relaciones: cómo dejar atrás la amargura y la falta de perdón, cómo experimentar sanidad y establecer límites saludables.

Paul Coughlin y Jennifer D. Degler, *No más cristianos "buena gente": Cuando ser agradable en lugar de íntegro daña a hombres, mujeres y niños* (Miami, FL: Editorial Unilit, 2010).

Anne Graham Lotz, *Heridos por la gente de Dios* (Lake Mary, FL: Casa Creación, 2014.

Georgia Shaffer, *Avoiding the 12 Relationship Mistakes Women Make* (Eugene, OR: Harvest House, 2014).

Leslie Vernick, *The Emotionally Destructive Relationship: Seeing It, Stopping It, Surviving It* (Colorado Springs, CO: Waterbrook, 2007).

Leslie Vernick, *The Emotionally Destructive Marriage: How to Find Your Voice and Reclaim Your Hope* (Colorado Springs, CO: Waterbrook, 2013).

Francis Frangipane, *The Stronghold of God: Finding God's Place of Immunity from Attacks of the Enemy* (Lake Mary, FL: Charisma House, 1998).

Libros sobre cómo encontrar libertad (y gracia)

Leslie Vernick, *Lord, I Just Want to Be Happy* (Eugene, OR: Harvest House Publishers, 2009).

Dee Brestin, *Idol Lies: Facing the Truth about Our Deepest Desires* (Brentwood, TN: Worthy Publishing, 2012).

Lysa TerKeurst, *Made to Crave: Satisfying Your Deepest Desires with God, Not Food* (Grand Rapids, MI: Zondervan, 2010).

John Piper *Hambre de Dios: Cómo desear a Dios por medio del ayuno y la oración* (Barcelona: Publicaciones Andamio, 2004).

Jennifer Kennedy Dean, *Altar'd: Experience the Power of the Resurrection* (Birmingham, AL: New Hope, 2012).

Carol Kent, *Unquenchable: Grow a Wildfire Faith That Will Endure Anything* (Grand Rapids, MI: Zondervan, 2014).

Libros que estimulan el crecimiento espiritual concreto sin estrés ni rivalidades

Mike Ashcraft y Rachel Olson, *My One Word: Change Your Life with Just One Word* (Grand Rapids, MI: Zondervan, 2012).

Lucinda Secrest McDowell, *Live These Words: An Active Response to God* (Friendswood, TX: Bold Vision, 2014).

Para ver

Les Miserables / Les Mis (1935, 1978, 1998, 2010, 2012)
¡Una verdadera historia de gracia y redención! Ve cualquiera de las versiones de la película, incluso la obra musical de Andrew Lloyd Webber. O, si eres muy valiente (o tienes bastante tiempo libre), trata de leer la versión original de la novela de 1200 páginas escrita por Víctor Hugo.

Carros de fuego (1981)
Una historia verídica sobre atletas que compitieron en los Juegos Olímpicos de 1924. Algunos legaron allí por el deseo de la fama y la fortuna, otros por el deseo desesperado de demostrar su valor, desafiar las expectativas (las propias y de otros)

y triunfar sobre quienes dudaban de ellos. Para alcanzar la victoria tuvieron que aprender qué dejar atrás, a qué aferrarse y dónde encontrar la fortaleza para terminar la carrera.

Meet the Robinsons (2007) [*Descubriendo a los Robinsons* en España, *La familia del futuro* en Hispanoamérica]
Una película de Disney increíblemente divertida y reconfortante sobre la necesidad de dejar atrás el pasado, y celebrar tanto los errores como los éxitos, para poder "¡seguir adelante!".

Groundhog Day (1993) [*Atrapado en el tiempo* en España o *El día de la marmota* y *Hechizo del tiempo* en Hispanoamérica]. Debido a mi propio sueño elusivo (ver la introducción), no pude resistirme a añadir esta: una película sobre un hombre condenado a vivir el mismo día una y otra vez hasta que se da cuenta de la realidad. Aprende algunas lecciones sorprendentemente poderosas y profundas durante el proceso.

Para escuchar

La Biblia

Hay muchas versiones diferentes en audio de las Escrituras disponibles, en una variedad de traducciones y formatos (MP3, CD, DVD). Puedes escoger toda la Biblia, el Antiguo Testamento, el Nuevo Testamento, solo un libro de la Biblia en particular o incluso una selección de lecturas de devocionales bíblicos. Trata de escuchar algunas por Internet o en tu librería cristiana local, para ver si prefieres una versión "dramatizada" (con pasajes representados por diferentes actores y música dramática de fondo) o una simple narración.

Música para tu lista discográfica

Puede que ya tengas una cantidad de canciones o álbumes que te encanta escuchar cuando necesitas recordar qué debes dejar atrás y a qué aferrarte, cuando tu alma necesita escuchar alguna Verdad. Pero si estás buscando algunas canciones nuevas para agregar a tu lista, que tengan que ver con nuestro tema, aquí hay algunas de mis favoritas. (También podrías usar estas canciones como parte de tu estudio bíblico, grupo reducido o retiro de mujeres de "¡Sé libre!").

Álbum

So I Can Tell por Cheri Keaggy

Canciones

- "I Choose Grace", de Twila Paris
- "Were It Not for Grace", de Larnelle Harris
- "Amazing Grace", de Walela
- "He Looked Beyond My Fault", de Sandi Patty
- "Grace By Which I Stand", de Keith Green
- "He Covers Me", de Steve Camp
- "Be Still My Soul (In You I Rest)", de Kari Jobe
- "Nobody Knows Me Like You", de Benny Hester
- "In Christ Alone", de Keith & Kristyn Getty
- "Lord of the Past", de Bob Bennett
- "God Almighty", de Matthew Ward
- "He's All You Need", de Steve Camp
- "Child of the Father", de Cheri Keaggy
- "Come and Fill My Heart", de Avalon
- "I Want to Be More Like Jesus", de Keith Green

"Jesus, All for Jesus", de Sheila Walsh
"Oh Lord, You're Beautiful", de Keith Green
"Father, Hear Your Children", de Steve Green
"I Will Listen", de Twila Paris
"This Good Day", de Fernando Ortega
"My One Thing", de Rich Mullins
"A Different Road", de Kathy Troccoli
"You Never Let Go", de Matt Redman

¡Himnos, música clásica, música instrumental de alabanza y adoración, e incluso la banda sonora de tu película favorita también pueden servirte de motivación, impulso e inspiración! Hay un par de canciones seculares alegres que he agregado a mi propia lista de música, porque repiten algunas de las palabras y frases clave que quiero que resuenen en mi corazón:

"Little Wonders", de Rob Thomas
"Let It Go", de Idina Menzel [en Hispanoamérica: "Libre soy", interpretado por Carmen Sarahí; en España: "¡Suéltalo!" interpretado por Gisela]
"Get Up", de Superchick
"A New Day Has Come", de Celine Dion
"Beautiful Day", de U2

Busca lo que más bendiga tu corazón o lo que mejor ministre a tu espíritu, y escúchalo las veces que puedas.

CHRISTIN DITCHFIELD
Calling Women to a Deeper Life

Una nota de Christin

Hola, soy Christin Ditchfield. Soy escritora y conferencista. Presento un programa radiofónico diario. Mi pasión es llamar a las mujeres a una vida más profunda: la clase de vida que se encuentra en una profunda relación con Jesucristo, y que anhelamos; la clase de vida para la que fuimos creadas.

A través de los años he conocido a muchas mujeres como yo: mujeres que aman a Jesús, pero que a veces se sienten agobiadas, distraídas o alejadas de Él. Juntas estamos aprendiendo a caminar con Él día a día, para poder experimentar una relación más rica, profunda y significativa con Él.

He tenido el privilegio de escribir sesenta y siete libros (¡hasta ahora!), de los cuales tres llevan un título que comienza con *What Women Should Know* [Lo que las mujeres deberían saber, por su título en inglés]:

Enfrenta tus temores, (Grand Rapids, MI: Editorial Portavoz, 2014).

Mujer, descubre el impacto y el poder de tus palabras (Grand Rapids, MI: Editorial Portavoz, 2012).

¡Sé libre! Deja atrás la culpa, el desánimo y el fracaso. (Grand Rapids, MI: Editorial Portavoz, 2016).

Estos son libros de mi corazón, con todas las cosas que he aprendido en el proceso de mi propia vida espiritual durante los últimos veinticinco años. Mi esperanza y mi oración son que te sean de bendición y aliento donde quiera que te encuentres en tu propio proceso.

Hoy día hay muchas maneras de estar en contacto.

Puedes visitar mi blog:

http://ChristinDitchfield.com

O escuchar mis emisiones radiofónicas:

http://TakeItToHeartRadio.com

O seguirme en:

http://facebook.com/christinditchfield

http://twitter.com/AuthorChristin

http://pinterest.com/authorchristin

¡Espero con ansias tener noticias de ti!